Paul Ferrini

Im Herzen leben

Die amerikanische Originalausgabe
erschien unter dem Titel „Living in the Heart“
bei Heartways Press, P. O. Box 99,
Greenfield, MA 01302 USA.
Email: heartway@crocker.com
website: www.paulferrini.com

Ins Deutsche übersetzt von Christine Bendner
Lektorat: Dr. Juliane Molitor
Umschlaggestaltung: Shivananda Heinz Ackermann

Die Deutsche Bibliothek – CIP-Einheitsaufnahme

Ein Titeldatensatz für diese Publikation ist bei der
Deutschen Bibliothek erhältlich.

www.weltinnenraum.de

2003
ISBN 3-89901-012-4

Satz: Wilfried Klei
Druck und Bindung: Westermann Druck Zwickau GmbH

Paul Ferrini

Im Herzen leben

Das Praxisbuch zum Affinity-Prozess

AURUM

Danksagung

Ich danke den Tausenden von Menschen aus aller Welt, die an meinen Konferenzen, Retreats und Seminaren teilgenommen und mir im Laufe der Jahre wichtige Anregungen in Bezug auf den Affinity Prozess gegeben haben. Darüber hinaus gilt mein Dank all jenen, die bereit waren, anderen Menschen zu dienen, indem sie die Funktion eines Gruppenleiters übernahmen und diese Arbeit in ihre Gemeinden trugen.

Sie sollen wissen, dass Ihr Engagement zutiefst gewürdigt wird, denn es half, den Affinity Prozess weiterzuentwickeln und ihn zu dem zu machen, was er heute ist.

Durch Ihre Bemühungen und das Engagement all jener Menschen, die noch zu uns stoßen werden, kann der Affinity Prozess seine wichtige Aufgabe erfüllen und uns allen helfen, mehr im Herzen zu sein.

Teil 1 Die Prinzipien

Teil 2 Der Prozess

Teil 3 Die Praxis – Ein Ratgeber für Gruppenleiter

Anhang
Fragebogen zur Auswertung der Gruppenarbeit

Liebe Leserin, lieber Leser,

der Erfahrungsprozess, den Sie in diesem Buch kennen lernen werden, hat das Leben von Tausenden von Menschen in aller Welt verändert. Er kann auch Ihrem Leben eine Wende geben, wenn Sie bereit sind, ihn zu durchlaufen. In *Ein Kurs in Wundern* sagt Jesus, dass es keine universale Theologie geben kann, wohl aber eine universelle Erfahrung. Der Affinity Prozess kann Ihnen helfen, jene bedingungslose Liebe und Annahme zu erfahren, die über alle Worte und Gedanken hinaus geht. Religionen und Philosophien können zwar auf diese Erfahrung hinweisen, aber sie können sie Ihnen nicht vermitteln. Der Affinity Prozess kann das.

Der Affinity Prozess wird Ihre Urteile nicht auslöschen, aber er hilft Ihnen, auf eine Bewusstseinsebene jenseits der Egostrukturen zu gelangen, die diese Urteile hervorbringen. Sie werden lernen, Ihre Ängste (und die anderer Menschen) so mitfühlend anzunehmen, dass sie keine Macht mehr über Ihr Leben haben. Anstatt andere für Ihren Schmerz oder Ihre Probleme verantwortlich zu machen, werden Sie lernen, die Verantwortung für Ihre Gedanken, Gefühle und Erfahrungen selbst zu übernehmen. Damit entbinden Sie andere Menschen und geben ihnen ebenfalls Gelegenheit, Verantwortung für ihr eigenes Leben zu übernehmen.

Indem Sie all die Anteile Ihrer Persönlichkeit, die Sie bisher fürchteten oder derer Sie sich schämten, liebevoll annehmen, haben Sie es nicht mehr nötig, sie auf andere zu projizieren. Das heißt, Sie vergeuden Ihre Zeit nicht mehr damit, Fehler bei anderen zu suchen oder sie „in Ordnung bringen“ zu wollen. Andererseits verspüren Sie auch nicht mehr den Drang, sich auf Menschen einzulassen, die über Sie urteilen oder versuchen, Sie zu verändern.

Statt dessen werden Sie anderen auf gleicher Ebene begegnen und Ihre Beziehungen durch die Fähigkeit bereichern, anderen zuzuhören, sie anzunehmen und bedingungslos zu lieben.

Das bedeutet nicht weniger als das Ende des Leidens. Doch dieses Resultat stellt sich nicht über Nacht ein. Der in diesem Buch beschriebene Prozess erfordert kontinuierliche Praxis. Anfangs sollte man etwa zwei Stunden pro Woche dafür einplanen. Wenn Sie sich dem Prozess ein Jahr lang einmal pro Woche intensiv widmen, werden Sie feststellen, dass allmählich ein grundlegender Wandel in Ihrem Bewusstsein und in Ihrer Erfahrungswelt stattfindet. Sie werden anfangen, die Prinzipien dieser Bewusstseinsarbeit zu verinnerlichen und in Ihrem Alltag zu leben. Sie werden zur Verkörperung der Liebe, zum lebendigen Zeugen der Begegnung mit Ihrem Selbst und anderen in göttlicher Umarmung.

Namaste,
Paul Ferrini

Teil 1

Die Prinzipien

Im Herzen sein

Es ist nicht leicht, im Herzen zu bleiben, denn dort müssen wir mit unseren täglichen Erfahrungen fertig werden. Wenn unser Herz offen ist, nehmen wir unsere Erfahrungen an. Wir nehmen sie in uns auf, verarbeiten und integrieren sie. Ist unser Herz aber verschlossen, weisen wir unsere Erfahrungen zurück. Wir entwickeln Verteidigungsstrategien gegen Enttäuschungen und Verletzungen. Wir flüchten in den Kopf.

Das Rationalisieren unserer Erfahrungen bewahrt uns aber nicht nur vor den Niederungen des emotionalen Erlebens, sondern beraubt uns auch seiner Höhen. Wir verlieren unsere Fähigkeit, Mitgefühl für uns selbst und andere zu empfinden. Wir werden nicht nur unempfindlich gegen Schmerz und Leiden, sondern auch unsensibel für Schönheit und Freude.

Wenn unser Herz wirklich offen ist, erfahren wir Freude und Schmerz ohne Drama oder „Brimborium". Sie bedeuten nicht mehr und nicht weniger als das, was sie sind. Schmerz bedeutet nicht, dass wir schlecht sind oder dass jemand anderes schlecht ist, und Freude bedeutet nicht, dass wir gut sind. Wir interpretieren nicht, sondern sind einfach bereit, die Erfahrung anzunehmen und zu verinnerlichen. Lachen und Weinen vermischen sich in einem offenen Herzen. Es ist ein Raum, in dem Widersprüchliches nebeneinander existiert, ein multidimensionaler Erfahrungsraum, den man weder rationalisieren noch kultivieren, berechnen oder erklären kann.

Angst und Konditionierungen bringen uns dazu, all jene Aspekte unserer Erfahrungen abzulehnen, die neu und unerwartet sind oder ein Gefühl der Unsicherheit in uns auslösen. Doch indem wir einen nicht akzeptablen Erfahrungsbereich schaffen, erzeugen wir auch eine Spaltung in unserer Psyche. Jetzt haben wir Gut und Böse, Unbewusstes und Bewusstes, Erwünschtes und Unerwünschtes. Jetzt können wir eine Erfahrung machen, ohne sie zu *fühlen*. Wir können in den Kopf flüchten, wegdriften, uns emotional „ausklinken". Eine solche emotionale Abspaltung ist als Reaktion auf traumatische Ereignisse verständlich, aber völlig unangemessen im Hinblick auf das Auf und Ab unseres täglichen Lebens.

Wenn wir nur das anzunehmen bereit sind, was uns vertraut ist oder was wir für wünschenswert halten, bleiben wir in den ausgefahrenen Geleisen und Mustern unserer Vergangenheit hängen. Wir stagnieren sowohl emotional als auch intellektuell. Wir erstarren innerlich, werden egozentrisch und berechenbar. Dann brauchen wir einen großen Teil unserer Lebensenergie für die Aufrechterhaltung unserer Verteidigungsstrategien und des Status Quo.

Im Herzen zu sein bedeutet, alles willkommen zu heißen. Es bedeutet, mit unserer Erfahrung zu sein, selbst wenn sie schwierig oder verwirrend ist. Um im Herzen sein zu können müssen wir oftmals auch Entscheidungen aufschieben, bis wir uns mit dem gesamten Inhalt unseres Bewusstseins vertraut gemacht haben.

Wenn wir im Herzen bleiben, können wir die „Launen des Schicksals" besser verdauen. Das braucht oft

Zeit. Aber wenn wir uns diese Zeit nehmen, stellen wir fest, dass sich die anfänglichen Widersprüche auflösen. Wir gelangen zu innerer Klarheit, während wir all die verschiedenen Gedanken und Gefühle anerkennen und würdigen. Diese innere Klarheit ist das Ergebnis unserer gefühlten Ganzheit.

Indem wir Entscheidungen fällen, bevor wir uns die Zeit genommen haben, mit all unseren widersprüchlichen Gedanken und Gefühlen zu *sein,* verschärfen wir oftmals den betreffenden Konflikt in der Außenwelt. Wenn wir das Gefühl haben, dringend eine Entscheidung treffen oder ein Problem lösen zu müssen, bedeutet das gewöhnlich, dass wir in den Kopf flüchten und versuchen, „etwas geschehen zu machen", wofür die Zeit noch nicht reif ist. Das führt unweigerlich zu Konflikten und Enttäuschungen. Die Türen öffnen sich nicht, wie energisch oder häufig wir auch anklopfen mögen. Weil wir nicht mit uns selbst in Einklang sind, können wir nicht mit anderen in Einklang sein. Weil wir innerlich nicht „im Fluss" sind, können wir nicht so mit dem Leben fließen, wie es sich um uns herum manifestiert.

Es erfordert Mut, in der eigenen emotionalen Landschaft *präsent* zu sein, wenn die Sicht durch Regen oder Nebel behindert ist. Wenn unser Blickfeld auf ein Minimum begrenzt ist, können wir nichts anderes tun, als einen Fuß vor den anderen zu setzen. Wenn sich das Karussell der Gefühle und Gedanken in unserem Innern dreht, können wir nichts anderes tun, als unser Bewusstsein sanft dorthin zu lenken, wo wir gerade stehen. Wenn wir durch Nebel und Regen jagen, kommen wir vom Weg ab und stürzen. Ein Unfall hält uns viel länger von unserem Ziel fern als schlechtes Wetter – und dann wünschen wir, wir wären geduldiger gewesen.

Geduld mit uns selbst und unserer eigenen Entwicklung ist der Schlüssel zu einem Leben aus dem Herzen. Wir können im Herzen sein, ohne etwas über den Ausgang einer Situation zu „wissen". In der Tat ist die Bereitschaft, „ohne Wissen zu sein", eine ganz wesentliche Voraussetzung, um im Hier und Jetzt für unsere Erfahrung präsent zu sein. „Wissen" bezieht sich fast immer auf die Vergangenheit. Wenn wir nicht mehr wissen müssen, können wir in diesem Moment verweilen.

Der gegenwärtige Augenblick

In unserer Gesellschaft wird „tun" mehr geschätzt als „sein". Unser Selbstbild beruht mehr auf dem, was wir tun, als auf dem, was wir sind. Wenn wir mit „Machen und Tun" beschäftigt sind, leben wir in der Regel in der Vergangenheit oder in der Zukunft. Manchmal ist das unvermeidlich. Aber wenn wir die meiste Zeit in diesem Raum verbringen, erleben wir nur selten inneren Frieden.

Innerer Frieden stellt sich ein, wenn wir einmal tief durchatmen und einfach jetzt „da" sein können. Frieden stellt sich ein, wenn wir erkennen, dass wir weder unsere aus der Vergangenheit stammenden Ängste in diesen Augenblick mitnehmen noch Entscheidungen über die Zukunft fällen müssen. Frieden ist immer „jetzt". Frieden stellt sich ein, wenn wir im Herzen verweilen können, ohne „wissen" oder „tun" zu müssen.

Das Leben ist so viel einfacher ohne diesen Druck. Es ist dann viel leichter, die gegenwärtige Erfahrung anzunehmen und zu verdauen. Es ist nicht nötig, dem Geschehen Widerstand zu leisten oder sich davor zu schützen. Wir müssen es nicht rationalisieren und erklären. Wir müssen nicht wissen, was es bedeutet. Wir können einfach damit *sein*, können es sein lassen und willkommen heißen.

Im Herzen zu sein ist eine Lebensweise, die sich völlig von unserem gewohnten Lebensstil unterscheidet. Es ist eine langsamere, einfachere Gangart. Wenn wir denken, denken wir praktisch. Wir sind mehr „geerdet". Abstraktes Denken hat dann wenig Raum in unserem Leben, weil es uns vom gegenwärtigen Augenblick entfernt. Und wenn wir handeln, dann ist unser Handeln nicht ambivalent oder willkürlich. Wir folgen nicht blind einer Reihe von Regeln. Wir handeln, weil es sich in diesem Augenblick gut und richtig anfühlt zu handeln.

Diese Art zu sein ist ganz und gar unkompliziert. Es gibt keine großen Dramen, keine Träumereien, keinen Perfektionismus und keine Vermutungen. Wir gehen unseren Weg, so gut wir können, und vertrauen. Wir wissen, dass mehr einfach nicht möglich ist. In diesem Augenblick unser Bestes zu tun, ist genug und muss genug sein.

Das heißt nicht, dass wir keine Fehler machen. Natürlich machen wir Fehler, aber sie sind nicht unsere Feinde, sondern unsere Freunde. Sie helfen uns, den richtigen Weg zu finden. Sie geben uns die Möglichkeit, es das nächste Mal besser zu machen. Wir fühlen uns nicht schuldig und verstecken uns nicht, wenn wir irren. Wir schämen uns nicht und fühlen uns nicht abgelehnt. Wir bleiben aufrecht stehen und sagen: „Danke, dass du mich darauf hingewiesen hast."

Ein selbst-bewusster Mensch schämt sich weder für seine eigenen Fehler, noch fühlt er sich überlegen, wenn andere Fehler machen. Er akzeptiert sich so, wie er in diesem Augenblick ist. Und er akzeptiert andere, wie sie sind.

Geistige Gesundheit entspringt einer einfachen, würdevollen Art zu leben. Sie beruht auf der Achtung für sich selbst und andere. Sie resultiert aus dem Sein im gegenwärtigen Augenblick. Sie stellt sich ein, wenn wir auch dann im Herzen bleiben, wenn sich das Leben anders zeigt, als wir es erwartet haben.

Nichts in Ordnung bringen

Wenn wir im Herzen bleiben, wissen wir, dass niemand „in Ordnung" gebracht werden muss. Wir müssen nicht versuchen, uns selbst oder andere zu verändern.

Um im Herzen sein zu können, müssen wir unsere Selbsthilfeprogramme aufgeben und uns einfach so akzeptieren, wie wir jetzt in diesem Augenblick sind. Um im Herzen sein zu können, müssen wir unsere missionarischen Bestrebungen aufgeben und andere einfach so akzeptieren, wie sie jetzt in diesem Augenblick sind. Programme zur Veränderung, Rettung oder Erlösung unserer eigenen Person oder anderer Menschen lenken uns lediglich von der eigentlichen spirituellen Arbeit ab: dem Akzeptieren des Seins von Augenblick zu Augenblick.

Wenn manche Leute auf einen „Trip" gehen wollen, haben sie die Freiheit, das zu tun. Wir müssen weder eingreifen noch versuchen, sie davon abzubringen. Wir müssen nicht versuchen, sie zu korrigieren – auch nicht, indem wir ihnen klar machen, dass gar nichts „in Ordnung" gebracht werden muss. Jede Lehre kann zu einer Keule werden, mit der wir auf uns oder andere einschlagen. Deshalb ist es wichtig, Dogmen zu meiden.

Wenn wir im Herzen bleiben wollen, müssen wir alle Dogmen hinter uns lassen. Wir müssen unsere Schriftrollen, Gebote und heiligen Bücher verbrennen. Auch sie sind nur Ablenkungen. Sämtliche Lehren und alle Menschen, die uns vorschreiben möchten, was wir tun, sagen oder denken sollen, müssen aus unserem Leben verschwinden. Damit wir im Herzen sein können, müssen wir unseren Geist von allen Urteilen und Vorurteilen der Vergangenheit befreien. Je offener und unbelasteter der Geist ist, desto leichter wird es, sich in den Raum des Herzens fallen zu lassen.

Um im Herzen sein zu können, dürfen wir nur eine einzige Autorität akzeptieren. Aber diese Autorität kann nicht außerhalb von uns sein – in den Ideen, Glaubenssätzen oder Erfahrungen anderer – und auch nicht innerhalb unserer Egostruktur, in den begrenzten Vorstellungen, die wir von uns selbst haben. Sie muss innerhalb unseres Bewusstseins, aber jenseits unserer Urteile und beschränkten Glaubenssysteme existieren. Sie muss in unseren Herzen sein, aber jenseits unserer reaktionären Emotionen und Süchte. Wir können uns weder der Wahrheit irgendeines anderen Menschen unterwerfen, noch der begrenzten „Wahrheit“ unseres Egos.

Das Paradies ist in unseren Herzen, aber das heißt nicht, dass es leicht zu finden ist. Zunächst müssen wir alles akzeptieren, was sich in unserer Erfahrungswelt manifestiert. Wir müssen unsere Beziehungen so akzeptieren, wie sie jetzt sind. Wir müssen alle unsere Gedanken und Gefühle akzeptieren. Wir müssen alles willkommen heißen, es umarmen - wenn auch vielleicht zögernd. Wir müssen damit leben, damit sein, damit atmen, damit „fließen“, wohin es auch fließt.

Das erfordert totale Präsenz, totale Aufmerksamkeit, Geduld und Liebe. Und wenn wir all das gegeben haben, öffnet sich ein klarer Raum in unseren Herzen. Da ist Stille. Und in diesen stillen Raum dringt die Antwort ein wie Luft in ein Vakuum. Es ist vielleicht nicht die endgültige Antwort, wohl aber die Antwort für diesen Augenblick. Sie weist uns auf den nächsten Schritt hin. Sie zeigt uns, wie wir weitergehen können.

Und mit der Antwort, die in die Stille des Herzens dringt, kommt die spirituelle Dimension in unser Leben. Wenn wir den Raum nicht öffnen, kann uns die Antwort aus der geistigen Welt nicht erreichen.

Wenn wir still werden, begreifen wir, dass diese Antwort nicht aus unserem begrenzten, furchtsamen

Ego-Bewusstsein kommt. Sie kommt aus dem göttlichen Geist, aus jenem Teil unseres Selbst, der mit der allumfassenden Liebe verbunden ist und nicht an unserem Drama des Leidens teilhat. Also warten wir. Wir schieben unsere einseitige Lösung beiseite und warten auf die Lösung, die alle Wesen gleichermaßen würdigt. Wir beugen uns dem Einen, dem Wissenden, das in unserem Innern und dennoch außerhalb unserer Begrenztheit existiert. Wir warten auf die Geburt des Christusbewusstseins in unserem Herzen.

Den „Raum" bedingungsloser Liebe und Akzeptanz aufrecht erhalten

Im Affinity Prozess nennen wir das „den Raum bedingungsloser Liebe und Akzeptanz halten". Wir tun das, indem wir sanft und freundlich mit uns selbst und anderen umgehen und unsere Erfahrung, so wie sie sich jetzt und hier zeigt, annehmen und respektieren.

Diesen Raum aufrecht zu erhalten ist leichter gesagt als getan. Es ist eine große Herausforderung, weil es so anders ist als alles, was man uns beigebracht hat.

Wenn ich den liebevollen Raum für mich selbst aufrecht erhalte, werde ich still und nehme meine Gedanken und Gefühle bewusst wahr. Ich werde auch meiner Urteile über das gegenwärtige Geschehen gewahr. So höre ich beispielsweise die kritische innere Stimme, die zu mir sagt: „Wenn du spiritueller wärst, würdest du nicht wütend werden."

Ich lasse alle inneren Stimmen zu Wort kommen und nehme sie bewusst an. Ich bewerte sie nicht als gut oder schlecht. Ich erkenne einfach an, dass sie da sind. Wie viele Schichten der Selbstverurteilung auch zu Tage treten mögen, ich akzeptiere sie alle.

In meinem Gewahrsein bin ich der Zeuge meiner Erfahrung und nicht der Richter oder die Geschworenen. Als Zeuge weiß ich nicht, was diese Erfahrung bedeutet, und muss es auch nicht wissen. Als Zeuge muss ich auch nichts tun, um die Situation zu ändern. Mir wird zwar alles bewusst, was ich gern tun würde, um die Situation zu verändern, aber ich verspüre nicht den Drang zu handeln. Ich nehme einfach meine Unzufriedenheit wahr und mein Bedürfnis, die Dinge in Ordnung zu bringen, aber ohne sie zu bewerten. Als Zeuge genügt mir mein Gewahrsein. Und mehr ist auch nicht nötig.

Die Wahrnehmung meiner gegenwärtigen Bewusstseinsinhalte vertieft sich, und ich werde still. Ich sinke durch die vielen Schichten wertenden Denkens und reaktionärer Emotionen hindurch in mein Innerstes, bis ich mit Kopf und Herz verstehe, dass alles so, wie es ist, in Ordnung ist. Das ist der Ort, an dem ich mich selbst segne, jener Ort, an dem ich mich wieder mit der Liebe verbinde.

Andere Menschen von der Verantwortung entbinden

Eines der größten Hindernisse auf unserem Weg zu bedingungsloser Selbstannahme ist unser Bedürfnis, andere Menschen für unsere Gedanken, Gefühle oder Erfahrungen verantwortlich zu machen. Das verletzte kleine Kind in mir und in dir will zum anderen sagen: „Du hast mich wütend gemacht. Es ist deine Schuld, dass ich aufgebracht bin."

Wenn wir andere beschuldigen, versuchen wir, ihnen die Verantwortung für unsere Erfahrungen zuzuschieben. Andere zu beschuldigen ist unsere Art, unsere persönliche Verantwortung für unsere lieblosen Gedanken, Gefühle und Taten zu leugnen („Es ist nicht meine Schuld, dass ich wütend bin"). Auf diese Weise rechtfertigen wir auch unsere Übergriffe („Ich habe ein Recht, wütend zu sein"), anstatt sie zuzugeben und wieder gutzumachen.

Wir können den Raum der Liebe und Akzeptanz nicht für uns aufrecht erhalten, solange wir andere beschuldigen. Deshalb ist es wichtig, dass wir uns in der Stille unserer verschiedenen Methoden, andere zu beschuldigen, bewusst werden. Als Zeuge sehen wir unseren Wunsch, anderen die Schuld zu geben, ohne uns mit ihm zu identifizieren. Wir nehmen einfach unsere ganze Wut und Verletztheit wahr. Wir erkennen den Drang, zurückzuschlagen und andere für unser Leiden zu bestrafen. Wir gehen durch diese Schichten von Scham und Schuld hindurch, bis wir in einen leeren Raum gelangen. Dort können wir uns direkt mit unseren Gefühlen konfrontieren, ohne andere dafür verantwortlich zu machen. Hier können wir andere von der Verantwortung entbinden und unsere Gefühle liebevoll annehmen.

Urteilsfreies Gewahrsein

Es ist unser Ziel, uns mit unseren Bewusstseininhalten konfrontieren zu können, ohne sie zu beurteilen oder zu verurteilen und eine mitfühlende Haltung zuerst uns selbst und dann anderen gegenüber zu entwickeln. Ironischerweise werden uns unsere Urteile sofort bewusst, sobald wir den Wunsch nach bedingungsloser Liebe und Akzeptanz verspüren.

Nirgendwo zeigt sich das deutlicher als in unseren Beziehungen zu anderen Menschen. Während unsere Urteile über uns selbst oft im Unbewussten verborgen liegen, sind die Urteile über andere ständig präsent. An einem einzigen Tag fällen wir Hunderte von Urteilen. Wir mögen es nicht, wie laut diese Person spricht. Wir mögen die Tischmanieren jenes Mannes nicht. Die Frisur dieser Frau gefällt uns nicht. Und so weiter und so fort.

Unsere Urteile sind uns so selbstverständlich geworden, dass wir ihrer nur selten gewahr sind. Wir funktionieren im „Automatikbetrieb."

Damit wir im Herzen sein können, müssen wir den ständigen Strom der Urteile über andere nicht aufhalten, wir müssen ihn lediglich wahrnehmen. Gewahrsein hilft uns, mehr in die Tiefe zu gehen.

Verantwortung übernehmen

Je deutlicher wir unsere Urteile wahrnehmen, desto klarer erkennen wir, dass sie kaum etwas mit den Menschen zu tun haben, über die wir urteilen, wohl aber eine Menge mit unserer Einstellung zu uns selbst.

Nicht das Objekt unserer Verachtung zeigt uns etwas, sondern das Bewusstsein, dem diese Verachtung entspringt. Wer über andere urteilt, hat keine sehr hohe Meinung von sich selbst. Doch anstatt uns direkt mit unserem Mangel an Selbstachtung auseinanderzusetzen, projizieren wir ihn auf andere.

Wenn wir uns im Gewahrsein üben, erkennen wir allmählich, dass wir nur dann urteilen, wenn wir uns selbst nicht mögen. Oder wenn eine bestimmte Person uns an einen unserer Persönlichkeitsanteile erinnert, den zu akzeptieren uns besonders schwer fällt. Also fangen wir an, unsere Urteile wieder „zurückzunehmen", anstatt sie nach außen zu projizieren. Jedes Mal, wenn uns ein Urteil in den Kopf kommt, sagen wir uns: „Ich weiß, dass es nichts mit dir zu tun hat – es hat mit mir zu tun."

Auf diese Weise übernehmen wir Verantwortung für die Inhalte unseres Bewusstseins und entbinden die anderen von dieser Verantwortung. Jetzt sind wir fähig, uns direkt mit unserem Selbsthass zu konfrontieren. Jetzt können wir deutlich sehen, welche Anteile unserer Persönlichkeit wir nicht akzeptieren können. Andere Menschen sind nur Spiegel. Sie lassen uns erkennen, wie wir uns selbst verurteilen.

Indem wir anerkennen, dass unser Urteil unserem Bewusstsein entspringt, erkennen wir, dass sich ein bestimmter Teil von uns nicht geliebt und akzeptiert fühlt. Dieser Teil unserer Persönlichkeit urteilt über andere und – was vielleicht noch wichtiger ist – fühlt sich verurteilt. Vielleicht verurteilt der spirituelle Erwachsene in uns das verletzte Kind oder umgekehrt. Das spielt keine Rolle. Wo geurteilt wird, entsteht eine Spaltung, ein Konflikt in unserem Bewusstsein.

Ein Teil von uns steht im Widerspruch zu einem anderen Teil. Akzeptanz ist notwendig, um diese Gegensätze im eigenen Bewusstsein miteinander zu versöhnen.

Akzeptanz

Wenn ich mich verurteile, fühle ich mich nicht heil und ganz. Ich fühle mich gespalten oder erlebe einen inneren Konflikt. Verschiedene Aspekte meines Selbst stehen miteinander im Widerstreit und müssen so, wie sie sind, akzeptiert werden.

Indem ich akzeptiere, löse ich den Konflikt nicht. Ich sehe ihn einfach und erkenne seine Existenz an.

Ein Beispiel: Nehmen wir an, ich verurteile Peter, weil er wütend ist und ich der Überzeugung bin, dass Wut etwas Schlechtes ist. Wenn ich mir allerdings überlege, warum Peters Wut mich so aufregt, erkenne ich, dass ein Teil von mir selbst wütend ist und akzeptiert werden muss. Ich erkenne außerdem, dass ich Angst vor meiner eigenen Wut habe oder mich für sie schäme. Deshalb unterdrücke oder verstecke ich sie.

Wenn Peter seine Wut offen zeigt, regt mich das auf, weil er etwas tut, das ich auch gern tun würde, mir aber nicht erlaube. Wenn ich Peters Wut miterlebe, stoße ich auf meine heikle Beziehung zu meiner eigenen Wut.

Dank Peter kann ich mir nun anschauen, was für ein Verhältnis ich zu meiner Wut habe. Ich kann den Teil meiner Persönlichkeit akzeptieren, der wütend werden und für sich selbst einstehen will, aber auch jenen anderen Teil, der sich fürchtet, wütend zu werden, weil er es anderen recht machen will. Ich erkenne diese scheinbar widersprüchlichen Aspekte meines Bewusstseins an.

Dadurch wird die innere Spaltung aber nicht sofort geheilt. Zunächst wird lediglich meine mitfühlende Aufmerksamkeit auf diesen Bereich gelenkt. Und das wirkt bereits heilend. Das allein genügt, um mich mit der Liebe zu verbinden.

Gewahrsein nach außen bringen

Jetzt ist mir mein innerer Konflikt bewusst. Das nächste Mal, wenn jemand wütend wird und damit „meine Knöpfe drückt“, werde ich also erst mir selbst und dann der anderen Person eingestehen, dass ich wütend bin und es mir schwer fällt, meine Wut auszudrücken. Vielleicht sage ich zum anderen so etwas wie: „Ich bin im Augenblick sehr wütend auf dich, aber ich habe Angst, meine Wut auszudrücken, weil ich fürchte, dass du mich dann verlässt.“ Ich sage die Wahrheit über meinen inneren Zustand, wie konfliktträchtig sie auch sein mag. Ich lerne, auf eine Weise für mich einzustehen, die mich nicht in Panik versetzt. Der Schlüssel dazu liegt im Akzeptieren aller Aspekte meines Wesens.

Mein Gewahrsein nach außen zu bringen heißt, allen Persönlichkeitsanteilen Raum in meinem Leben zu geben: dem ängstlichen Teil, dem zuversichtlichen Teil, dem Teil, der sich ausdrücken will, und dem, der sich Anerkennung oder Akzeptanz wünscht. Weil ich mir selbst und anderen mein ganzes Wesen offenbare, ist die Wahrscheinlichkeit geringer, dass ich mich betrogen oder missverstanden fühle.

Indem ich mir meiner Urteile bewusst werde, sie anerkenne und Verantwortung für sie übernehme, bin ich ehrlicher zu mir selbst und in meinem Umgang mit anderen mehr präsent. Ich mache kleine Schritte in Richtung Authentizität und lerne gleichzeitig, andere so zu akzeptieren, wie sie sind.

Schließlich spiegelt jeder Fehler, den ich bei einem anderen Menschen entdecke, etwas, das ich an mir selbst auszusetzen habe. Jeder Kampf, den ich mit meinem Bruder oder meiner Schwester ausfechte, macht meinen inneren Konflikt deutlich. Ich kann erst dann mit anderen Frieden schließen, wenn mir der Ursprung dieses Konflikts in mir selbst bewusst geworden ist. Dann, und nur dann kann ich mit der inneren und äußeren Versöhnungsarbeit beginnen.

Versöhnungsarbeit

Indem wir uns unsere Urteile bewusst machen, ihren Ursprung aufdecken, Verantwortung für sie übernehmen und alle ungeliebten und widersprüchlichen Aspekte unseres Bewusstseins annehmen, hören wir allmählich auf, unseren Schmerz in die Außenwelt zu projizieren. Der innere Heilungsprozess beginnt.
Um uns von Schmerz und Konflikten befreien und innerlich heil werden zu können, müssen wir folgende Wahrheiten verstehen und akzeptieren:

* Jeder von uns ist verantwortlich für alles, was er denkt, fühlt und tut.
* Jedes Urteil, das wir über einen anderen Menschen fällen, weist auf einen Aspekt unseres Selbst hin, den wir noch nicht akzeptieren und lieben können.
* Es liegt in unserer Verantwortung, alle Anteile unseres Wesens anzunehmen und zu lieben – besonders die, welche sich ungeliebt und nicht liebenswert fühlen.

Wenn es uns gelingt, diese einfachen Wahrheiten in unseren Alltag zu integrieren, können wir liebevollere Beziehungen zu uns selbst und anderen aufbauen. Und zwar nicht nur dann, wenn wir mühelos durchs Leben „schweben" und uns „spirituell" fühlen, sondern vor allem in Situationen, in denen sich das Leben ganz anders zeigt als erwartet und „unsere Knöpfe drückt."
Aber das erfordert einige Übung.

Hier zwei einfache Übungen, die uns helfen können, im Herzen zu bleiben:

* Wenn wir im Umgang mit anderen verwirrt oder aufgebracht sind und in Versuchung geraten uns abzureagieren, versuchen wir, den Raum bedingungsloser Liebe und Akzeptanz für uns aufrecht zu erhalten, damit wir anfangen können, Verantwortung für unsere Erfahrung zu übernehmen.

* In Situationen, in denen andere im Umgang mit uns verwirrt oder aufgebracht sind und dazu neigen sich abzureagieren, unterstützen wir sie darin, Verantwortung für ihre Erfahrung zu übernehmen, indem wir den Raum bedingungsloser Liebe und Akzeptanz für sie aufrecht erhalten.

Sie müssen nicht überdurchschnittlich intelligent sein, um zu verstehen, was bei diesen Übungen zu tun ist; aber wenn Sie versuchen, diese beiden Regeln in die Praxis umzusetzen, werden Sie merken, dass das eine ziemlich große Herausforderung darstellt. Es ist nicht leicht, den Raum bedingungsloser Liebe für uns selbst (oder andere) aufrecht zu erhalten, wenn wir (oder sie) aufgebracht sind oder uns (sich) nur abreagieren wollen.

Niemand hat behauptet, dass es leicht ist. Einfach ja. Aber nicht leicht!

Wir haben den Affinity Prozess entwickelt, um Sie beim Üben zu unterstützen, nicht im Umgang mit Ihrem Ehepartner, Ihren Eltern, Ihrem Kind, Ihrem Chef, also den Menschen, die wirklich „Ihre Knöpfe drükken“, sondern mit Menschen, die Sie nicht kennen, die aber genau wie Sie bereit sind, sich ihre Urteile anzuschauen. Wir wollten es Ihnen so einfach wie möglich machen, diesen simplen und doch herausfordernden Weg zu gehen, der direkt in Ihr Herz führt.

Ist es Ihnen erst einmal mit Fremden gelungen, so denken wir, dann können Sie das Gelernte auch zu Hause umsetzen. Dann wissen Sie sicherlich, was zu tun ist, wenn Ihr Partner Sie anschreit und Ihnen „ins Gesicht springt“. Na ja, vielleicht nicht sofort. Aber Sie haben immerhin ein paar nützliche Hilfsmittel zur Hand, wenn unbedeutende Auseinandersetzungen zu eskalieren drohen.

Weil Sie die Kunst, einen sicheren emotionalen Raum für sich selbst und andere aufrechtzuerhalten, dann einigermaßen beherrschen, können Sie mit den kleineren Stürmen in Ihren Beziehungen gut umgehen. Und schließlich werden Sie und Ihre Angehörigen und Freunde soviel gegenseitiges Vertrauen entwickelt haben, dass Sie sogar die Wirbelstürme überstehen, die unerwartet über dem Meer des Lebens auftauchen mögen.

Wie der Affinity Prozess entstanden ist

Der Affinity Prozess wurde entwickelt, um Menschen bei der Bewältigung von Beziehungskonflikten zu helfen, ohne die Liebe zu zerstören, die sie füreinander empfinden. Vor ein paar Jahren begann ich, Treffen für Menschen anzubieten, die mit dem *Kurs in Wundern* arbeiteten. Oft nahmen 200 bis 300 Leute an den Konferenzen teil. Wir sangen, tanzten, spielten und aßen miteinander. Viele von uns erlebten eine große Vertrautheit mit Menschen, die sie gerade erst kennen gelernt hatten, eine menschliche Nähe, die sie so noch nie zuvor empfunden hatten. Nicht einmal zu ihren Angehörigen, Ehepartnern oder Freunden. Wenn wir bereit waren, einander zu vertrauen und uns gegenseitig zu akzeptieren, konnten wir Liebe geben und empfangen. Es war eine ekstatische Erfahrung.

Und dann fuhren wir nach Hause und verhedderten uns wieder in unseren alten Dramen und Verteidigungsstrategien – und unsere schöne Seifenblase zerplatzte. Freude, Vertrauen und emotionale Ausdehnung wichen Trauer, Abwehr und emotionalem Rückzug. Es wollte uns einfach nicht gelingen, das Vertrauen und die Akzeptanz in unseren Alltag hinüber zu retten. Sobald Eltern, Kinder, Freunde oder Partner „unsere Knöpfe drückten", fielen wir zurück in Verhaltensweisen, die uns die Angst diktierte. Uns fehlten einfach die nötigen Techniken, um unsere Ego-Mechanismen durchzuarbeiten.

In jeder Beziehung, wie gut oder vertrauensvoll sie anfangs auch sein mag, kommen irgendwann unweigerlich unsere „Egotrips" zum Vorschein. Wenn wir anfangen, uns bei einem Menschen sicher zu fühlen, tauchen unsere unbewussten Ängste auf, um geheilt zu werden. Hat die Angst erst einmal einen Beziehungspartner im Griff, dauert es normalerweise nicht lange, bis auch der andere ängstlich reagiert. Angst ist in der

Tat ansteckend. Wenn Sie nicht fähig sind, sich selbst bedingungslos zu lieben, ist die Wahrscheinlichkeit sehr hoch, dass Sie auf den emotionalen Rückzug oder die Angriffe eines anderen Menschen destruktiv reagieren.

Wenn wir Angst haben, versuchen wir entweder, die Situation zu kontrollieren oder daraus zu flüchten. Kampf oder Flucht ist die übliche Reaktion.

Selten bleiben wir da, machen uns bewusst, dass Angst hochkommt und übernehmen Verantwortung dafür. Wie oft sagen wir denn zu unserem Partner: „Bei mir kommt eine Menge Angst hoch, die du anscheinend ausgelöst hast. Aber ich weiß, dass es meine Angst ist, und ich brauche etwas Zeit, um damit fertig zu werden. Wenn ich jetzt versuche, mit dir darüber zu sprechen, mache ich sie zu deiner Angelegenheit, und das möchte ich nicht. Ich will meine Angst spüren, annehmen, verstehen und erst mit dir darüber sprechen, wenn ich dazu bereit bin"?

Normalerweise gehen wir in die Defensive oder laufen weg, wenn unsere Angst hochkommt. Doch in beiden Fällen wollen wir sie zum Problem des Partners machen. Und der andere will seine Angst zu unserem Problem machen. Am Ende steht die Entfremdung. Beide fühlen sich angegriffen.

Wie sehr wir uns auch anstrengen, wir können unser Ego-Material nicht einfach loswerden. Es kommt auf jeden Fall ans Licht. Heute schauen wir uns vielleicht in die Augen und akzeptieren einander, aber schon morgen gehen unsere Meinungen auseinander. Morgen fühlen wir uns vielleicht nicht mehr von unserem Partner unterstützt. Können wir einander auch noch angesichts von Meinungsverschiedenheiten und mangelnder Unterstützung akzeptieren?

Unsere Liebe ist meistens an Bedingungen geknüpft. Wir lieben einander, wenn wir der gleichen Meinung sind und uns vom anderen unterstützt fühlen. Doch wenn Zustimmung und Unterstützung ausbleiben, ist es normalerweise auch mit der Liebe vorbei. Jesus forderte uns auf, „unsere Feinde zu lieben". Er hätte genauso gut sagen können: „Liebe deinen Partner und deine Freunde, wenn sie aufhören, dich zu unterstützen oder deiner Meinung zu sein." Die Herausforderung ist dieselbe. Können wir Menschen lieben und respektieren, die nicht unserer Meinung sind? Können wir Menschen lieben, die über uns urteilen?

Können wir, wenn in unserer Beziehung Angst hochkommt, weiterhin Liebe füreinander empfinden? Oder verschwindet die Liebe sobald unsere Ängste die Oberhand gewinnen?

Erfolgreiche Beziehungen sind Beziehungen, in denen die Liebe den Angriff der Angst übersteht. Sie brauchen Zeit, um heranzureifen. Oberflächliches Vertrauen ist nicht genug, denn tief sitzende Kindheitsängste werden es hinwegfegen. Das Vertrauen muss tiefer reichen als unsere Angst oder die unseres Partners.

Die Angst mitfühlend annehmen

Wenn wir lernen, unsere eigene Angst mitfühlend und liebevoll anzunehmen, fällt es uns leichter, mit der Angst anderer Menschen umzugehen. Das ist eine simple Tatsache. Die Herausforderung ist also zum Teil eine ganz persönliche. Wir müssen lernen, uns selbst zu lieben, wenn wir mit unserer Angst konfrontiert werden.

Das bedeutet, dass wir zunächst einmal die Existenz unserer Angst anerkennen und darauf verzichten, sie auf andere zu projizieren. Und genau hier setzt der Affinity Prozess an.

Wenn ich nach seinen Prinzipien lebe, weiß ich, dass mein Urteil über dich meiner eigenen Angst entspringt. Ich gestehe mir meine Angst ein und übernehme die Verantwortung dafür, mich selbst in diesem Augenblick der Angst zu lieben, anstatt dich verbal anzugreifen.

Der Affinity Prozess überträgt mir die Verantwortung für alle meine Gedanken und Gefühle. Wenn ich traurig oder wütend bin, dann ist es *meine* Traurigkeit und *meine* Wut. Selbst wenn du diese Gefühle in mir wachgerufen hast, bist du nicht dafür verantwortlich.

Indem der Affinity Prozess voraussetzt, dass der Einzelne Verantwortung für seine Gedanken und Gefühle übernimmt, verhindert er eine Eskalation der Angst. Er ruft zum Waffenstillstand auf und sorgt dafür, dass jeder erst einmal seine Hausaufgaben macht.

Meine Hausaufgabe besteht immer darin, mit meiner Angst zu *sein,* wenn sie in mein Bewusstsein dringt. Und deine Hausaufgabe besteht darin, mit deiner Angst zu *sein.* Wenn du dich auf das konzentrierst, was ich tue oder sage, kannst du nicht mit deiner Angst sein und umgekehrt.

Vielleicht hast du meine Angst ausgelöst, aber du bist nicht die Ursache meiner Angst. Das Dynamit war schon da und hat nur auf jemanden gewartet, der die Lunte anzündet. Sogar die Streichhölzer lagen schon da. Jeder hätte vorbeikommen und ein Streichholz anzünden können. Zufälligerweise warst du es.

Wenn ich dich von der Verantwortung für meine Angst entbinde und mich direkt mit ihr konfrontiere, lerne ich, mich selbst bedingungslos zu lieben. Ich lerne, mein Gefühl der Wertlosigkeit mitfühlend zu betrachten. Ich erwarte nicht mehr, dass du meinen Mangel an Liebe ausgleichst, und lerne, mir selbst die Liebe zu geben, die ich brauche.

Wenn ich mich wirklich liebe, bin ich stark genug, dich trotz unserer Meinungsverschiedenheit weiter zu lieben. Ich bin stark genug, mich selbst zu unterstützen, wenn du mich nicht unterstützen kannst.

Je stärker meine Selbstliebe wird, desto leichter fällt es mir, mit Menschen zu sein, die über mich urteilen, mich kritisieren oder angreifen. Ich weiß, dass ich nicht für die Gefühle oder Gedanken verantwortlich bin, die sie über mich haben. Ich bin nur verantwortlich für das, was ich über mich selbst und sie denke und fühle.

Die Liebe, die ich für mich und andere Menschen empfinde, hängt nicht länger von der Zustimmung oder Unterstützung anderer ab. Natürlich freue ich mich immer noch über Zustimmung und Unterstützung, aber ich höre nicht auf zu lieben, wenn ich sie nicht bekomme. Eigentlich sind das die Momente, in denen ich mich selbst und andere noch mehr lieben muss.

Das Herz öffnen

Der Affinity Prozess hilft uns, mit unserer Angst zu *sein* und durch sie hindurch zu gehen. Anstatt sie auf andere zu projizieren, übernehmen wir Verantwortung dafür und lernen, die verletzten Anteile unseres Selbst mit Liebe zu versorgen.

Aufgrund vergangener Traumata ist unser Herz stets in der Defensive. Wir misstrauen anderen Menschen, und zwar nicht nur denen, die uns schlecht behandeln, sondern auch solchen, die es wirklich gut mit uns meinen. Wir befürchten, auch von ihnen angegriffen oder verlassen zu werden.

Es ist eine große Herausforderung für uns, anderen zu vertrauen. Und doch wissen wir, dass wir jene Erfüllung, die Beziehungen uns verheißen, nur erleben können, wenn wir vertrauen. In der Vergangenheit haben wir unseren Mangel an Vertrauen gerechtfertigt, indem wir behaupteten, die anderen hätten unser Vertrauen nicht verdient. Doch der Affinity Prozess verlangt von uns, Verantwortung für alle unserer Erfahrungen zu übernehmen – auch für die Erfahrung, nicht zu vertrauen.

Jetzt kann ich also nicht mehr sagen, dass ich nicht vertraue, weil du dies oder jenes gesagt oder getan hast.

Vielleicht hast du mein Misstrauen wachgerufen. Aber du bist nicht dafür verantwortlich. Ich habe meine eigenen Gründe für mein Misstrauen, die nichts mit dir zu tun haben. Vielleicht gilt mein Misstrauen auch gar nicht dir, sondern mir selbst. Auf jeden Fall ist Vertrauen mein Thema. Es ist mein Herz, das verschlossen ist. Ich bin derjenige, der die Liebe zurückweist. Ich bin die Person, die leidet.

Wenn ich mein Herz öffnen will, muss ich bereit sein, *mir* selbst zu vertrauen. Und das kann ich in kleinen Schritten üben; es müssen nicht gleich die großen Dinge sein. Ich sehe, was ich mag, und erlaube mir, es zu bekommen. Ich vertraue darauf, dass ich weiß, was gut für mich ist, auch wenn es nicht das ist, was andere wollen. Ich gehe auf meine Freude und mein Glück zu und stelle sie nicht in Frage.

Wenn ich anfange, mir zu vertrauen, wenn auch zunächst vielleicht nur in kleinen Dingen, zieht es mich mehr und mehr zu Menschen hin, die ebenfalls lernen, sich selbst zu vertrauen. Freundschaften werden erfüllender. Partnerschaften sind nicht länger ein Ort der Selbstaufgabe. Wenn ich mir selbst vertraue, höre ich auf, die unbewusste Vorstellung auszuleben, dass ich nicht vertrauenswürdig bin. Ich höre auf, meine Ängste auf einen anderen Menschen zu projizieren. Und ich ziehe keinen Partner an, der mir meinen Mangel an Selbstvertrauen spiegelt. Statt dessen arbeite ich unermüdlich an meinem Thema „Vertrauen". Ich lerne in kleinen Schritten, *mir* zu vertrauen. Ich baue mein Selbstvertrauen auf und demonstriere dies zunehmend in allen Bereichen meines Lebens.

Wenn wir aufhören zu projizieren, können wir unsere Schwächen zugeben und ohne Scham daran arbeiten. Wir können unsere Fehler mitfühlend betrachten und aus ihnen lernen. Wir haben es nicht mehr nötig, andere zu beschuldigen. Wir brauchen uns nicht schuldig zu fühlen und müssen uns nicht selbst beschuldigen. Wir können weitergehen, bewusster werden und unsere unbewussten Mechanismen der Selbstverleugnung hinter uns lassen.

Das Paradoxe an Beziehungen ist, dass kein anderer Mensch unser Herz öffnen kann. Vielleicht haben wir unser Herz eingemauert, um uns vor anderen zu schützen, aber es ist nun einmal eine Tatsache, dass wir diejenigen sind, die hinter dieser Mauer gefangen sind. Wir sind diejenigen, die unter dem Mangel an Vertrauen und Freiheit leiden.

Und wir sind diejenigen, die unser Herz öffnen müssen, aber wir werden es erst tun, wenn wir uns sicher fühlen. Deshalb müssen wir lernen, dieses sichere Umfeld für uns selbst zu schaffen. Und wir müssen außerdem fähig sein, gemeinsam mit anderen einen sicheren Raum zu schaffen.

Der Affinity Prozess hilft uns dabei, indem er uns klar aufzeigt, wie wir eine Atmosphäre bedingungsloser Liebe und Akzeptanz für uns selbst und andere erzeugen können. In dieser Atmosphäre kann sich unser verkrampfter Herzmuskel wieder entspannen. Hier kann sich unser Herz, das sich so lange ängstlich verschlossen hatte, wieder öffnen.

Teil 2

Der Prozess

Was ist unsere Affinität?

Wir nennen diese Arbeit Affinity Prozess, weil das Wort *Affinity* (= Affinität) auf eine „Interessengemeinschaft“ hinweist, eine Gruppe von Menschen, die einander als ebenbürtig betrachten und denen das Wohl der anderen am Herzen liegt. Unsere „Affinität“ ist unsere Verbundenheit als Menschen und unser gemeinsamer Wunsch, zu lieben und geliebt zu werden.

Unsere Verbundenheit beruht nicht auf einem gemeinsamen kulturellen Hintergrund oder Glaubenssystem, sondern lediglich auf unserer Bereitschaft, die Kultur sowie die Erfahrungen und Überzeugungen der anderen Gruppenteilnehmer zu achten. Nicht Zustimmung ist die Basis unserer geistigen Verwandtschaft, sondern unsere Bereitschaft, die Unterschiede zwischen uns zu respektieren. Im Affinity Prozess lernen wir, darauf zu vertrauen, dass andere uns hören und respektieren, wenn wir unsere Wahrheit äußern. Und wir lernen, respektvoll zuzuhören, wenn andere uns ihre Wahrheit anvertrauen.

Der Affinity Prozess hilft uns, unsere Urteile zu erkennen und Verantwortung für sie zu übernehmen, anstatt sie auf andere zu projizieren. Er zeigt uns, wie wir einen liebevollen emotionalen Raum für uns selbst und andere schaffen und aufrecht erhalten können, einen Raum, in dem es uns leichter fällt, alle Aspekte unserer Persönlichkeit mitfühlend zu akzeptieren. Er hilft uns, unseren ungeliebten Persönlichkeitsanteilen liebevolle Aufmerksamkeit zu schenken, so dass wir seelisch heil und ganz werden können. Er weckt unsere Fähigkeit, liebevolle, authentische Menschen zu sein.

Außerdem lehrt uns dieser Gruppenprozess, anderen zuzuhören, ohne zu werten oder zu urteilen. Er lehrt uns, eine sichere, liebevolle Atmosphäre zu schaffen, in der andere Verantwortung für ihre eigenen Urteile übernehmen und in Kontakt mit ihrer eigenen Liebesfähigkeit, ihrem Mitgefühl und ihren Heilkräften kommen können.

Beim Affinity Prozess geht es darum, zu unserem innersten, spirituellen Wesenskern vorzudringen. Es geht um das Abschälen der vielen Schichten von Schuld, Scham und Verurteilung, die uns vom Göttlichen in uns selbst und anderen trennen. Es geht darum, mit der eigenen Unschuld und spirituellen Essenz in Kontakt zu kommen. Und es geht um das Entwickeln der Fähigkeit, unsere Erfahrungen und die Erfahrungen anderer Menschen anzunehmen und zu segnen.

Es geht auch darum, durch unsere Ängste hindurch zu gehen, um die Liebe wieder zu finden, die wir nie verloren hatten. Es geht darum, sich vom Misstrauen zur Arglosigkeit zu bewegen, von der Scham zur unschuldigen Offenheit, vom Verrat zum Vertrauen in sich selbst und andere.

Es ist erstaunlich, in welchem Maße eine so einfache Praxis der Achtsamkeit, Verantwortlichkeit und Akzeptanz Heilung bewirken kann. Doch die Menschen, die an diesem Prozess teilgenommen haben, können diese Tatsache bestätigen. Sie haben gelernt, auf eine neue, mitfühlendere Weise mit sich selbst und anderen in Beziehung zu treten. Sie haben ihre Urteile in Segnungen und ihre Schwerter in Pflugscharen verwandelt.

Bekenntnis und geistige Läuterung

Im Affinity Prozess werden wir nicht nur unserer Urteile gewahr und fangen an, Verantwortung für sie zu übernehmen. Wir lernen auch, unsere Selbstvorwürfe, Ängste und Gefühle des Unbehagens zu verbalisieren. Das ist ein wichtiger Schritt innerhalb des gesamten Prozesses, der uns lehrt, uns selbst und andere zu akzeptieren.

Wenn ich erkenne, dass mein Urteil über dich nur eine Maske ist, hinter der sich mein Urteil über mich selbst verbirgt, kann ich dir ehrlich sagen, dass ich dich zwar verurteilt, aber auch erkannt habe, dass du mich an etwas erinnerst, das ich an mir selbst nicht mag. Und dann kann ich über meine Scham sprechen. Ich kann diese unangenehmen Gefühle offenbaren, statt sie zu verbergen.

Der Affinity Prozess ermutigt die Teilnehmer, ihre Projektionen aufzugeben und sich nicht länger hinter der Maske ihrer Urteile zu verstecken. Und er hilft ihnen, mit ihren Zweifeln, Ängsten und Schuldgefühlen ins Reine zu kommen. Im besten Fall fühlen sich die Teilnehmer in der Gruppe so sicher, dass sie offen über alles sprechen können, was sie auf dem Herzen haben. Das ist möglich, weil sie wissen, dass niemand sie unterbrechen oder korrigieren wird.

Das Ganze erinnert an die Bekenntnisrituale der frühen christlichen Gemeinschaften. Auch damals schufen die Mitglieder einen sicheren, urteilsfreien Raum, in dem sie über ihre Ängste und ihre Reue sprechen und sich wieder mit der liebenden Präsenz Gottes verbinden konnten. Die Mitglieder dieser Gemeinschaften kamen wie die Teilnehmer der Affinity Gruppen einmal pro Woche zusammen, um sich einer inneren Läuterung zu unterziehen. Anschließend kehrten sie mit dem Wissen um ihre Unschuld und ihren ursprünglichen Wert in ihr Alltagsleben zurück.

Große Tempel und Kirchen können ein so intimes Läuterungsritual im Rahmen ihrer Gottesdienste nicht anbieten. Dort geht es oft nur um Äußerlichkeiten, um eine gute „Show" für die versammelte Gemeinde. Die Gemeindemitglieder haben nicht die Möglichkeit, auf eine Weise am Gottesdienst teilzuhaben, die ihre Herzen berührt. Also bleiben ihre Ängste und Schuldgefühle im Verborgenen. Sobald der Unterhaltungswert des wöchentlichen Rituals nachgelassen hat, spüren sie erneut ihren Schmerz, ihre Isolation und ihren Selbsthass. In einer großen Versammlung kann der Einzelne seinen Schmerz verbergen, in einer Affinity Gruppe ist das nicht möglich.

Während starre Regeln einerseits nicht unbedingt hilfreich sind, ist es andererseits notwendig, die Affinity Gruppe auf eine kleine Anzahl von Menschen zu beschränken, um jedem Gruppenmitglied die volle Teilnahme am „heiligen Sabbat" zu ermöglichen. In Anbetracht dessen bieten manche Tempel und Kirchen in den USA ebenfalls Affinity Gruppen an, welche einzelnen Gemeindemitgliedern, die dies wünschen, einen vertrauten Rahmen für eine kontinuierliche transformierende Erfahrung bieten.

Die Liebe auf andere ausdehnen

Die Teilnahme an Affintity Gruppen ist kostenlos für jeden, der teilnehmen möchte und bereit ist, sich an die Affinity Richtlinien zu halten. Wir betrachten diese Gruppen als spirituelle Praxis, die allen Menschen ungeachtet ihrer Zahlungsfähigkeit zugänglich sein sollte. Indem wir auf Teilnahmegebühren verzichten, stellen wir sicher, dass dieser Wachstumsprozess jedem offen steht.

Anstelle von Geld erbitten wir die Mithilfe der Teilnehmer: Gruppenmitglieder, denen der Affinity Prozess eine wertvolle Hilfe war, können ihn ihrerseits kostenlos an andere Menschen weitergeben. Wenn sie den Prozess für sich selbst abgeschlossen haben, unterstützen wir sie beim Zusammenstellen und Anleiten einer neuen Gruppe. Wir bitten Gruppenmitglieder, die diese Aufgabe für eine gewisse Zeit übernehmen möchten, darüber nachzudenken, in welchem Bereich ihres Alltagslebens der Prozess eine wertvolle Hilfe für andere sein könnte. Vielleicht kommt ein Teilnehmer auf die Idee, Jugendliche in einer Schule mit dem Affinity Prozess vertraut zu machen. Ein anderer bietet ihn vielleicht in einem Gefängnis an, ein Weiterer im Rahmen des Krebsnachsorge-Programms eines Krankenhauses. Mit Hilfe der Affinity Gruppenarbeit können wir in jeder Umgebung eine heilige und heilende Atmosphäre schaffen.

Auf diese Weise kann der sichere, liebevolle, urteilsfreie Raum praktisch auf die ganze Gemeinde ausgedehnt werden. Indem sich eine Gruppe oder Organisation an Menschen aller Gesellschaftsschichten wendet, kann sie in ihrer Stadt zu einer Quelle der Inspiration und Hoffnung werden.

Der Affinity Prozess hilft Menschen aus unterschiedlichsten Kulturkreisen, einander auf einer tieferen Ebene zu verstehen und zu respektieren. Auf diese Weise können Verbindungen zwischen Menschen entstehen, die normalerweise durch ihre Religionszugehörigkeit oder ihren kulturellen, wirtschaftlichen oder politischen Hintergrund voneinander getrennt sind.

Der Affinity Prozess bringt eine lebendige spirituelle Gemeinschaft hervor, eine von Konfessionen unabhängige Kirche ohne Mauern, deren Hauptzweck darin besteht, Liebe zu erfahren und weiterzugeben. Eine solche Gemeinschaft ist offen für alle und lädt ihre Mitglieder ein, sich voll und ganz in diesen Erfahrungsprozess einzubringen.

Ein praktischer Erfahrungsprozess

Diese Arbeit wird Menschen, die an abstrakten Konzepten interessiert sind oder Spiritualität als intellektuelle Disziplin betrachten, nicht ansprechen. Der Affinity Prozess ist einfach und alltagstauglich. Er hilft uns, im Herzen zu bleiben. Er hilft uns, im gegenwärtigen Moment zu sein. Der Prozess ist weder esoterisch noch elitär. Er beruht auf einigen wenigen Grundregeln, die an anderer Stelle noch ausführlich beschrieben werden. Jeder, der diese Regeln akzeptiert, kann Gruppenmitglied werden. Es gibt keine anderen Voraussetzungen.

Der Affinity Prozess ist ein Erfahrungsprozess. Das heißt, die Teilnehmer lernen durch die Praxis. Deshalb ist ein gewisses Engagement in Bezug auf Zeit und Achtsamkeit erforderlich.

Engagement und Verpflichtung

Das erste, wozu man sich verpflichten muss, ist die acht- bis zehnwöchige Teilnahme an den Gruppentreffen, um die Prinzipien des Affinity Prozess zu verinnerlichen. Wenn sich der Prozess als hilfreich für das eigene Wachstum erwiesen hat, wird der jeweilige Teilnehmer gebeten, sich ein zweites Mal für acht bis zehn Wochen zu engagieren. Während dieses Zeitraums macht er andere Menschen mit dem Prozess vertraut, indem er allein oder gemeinsam mit einem zweiten Gruppenleiter eine Gruppe leitet.

Nachdem die Teilnehmer diese beiden Verpflichtungen erfüllt haben, wenden sich manche anderen Aktivitäten zu. In diesem Fall hoffen wir, dass sie den Affinity Prozess in ihren Beziehungen weiterpraktizieren. Andere Gruppenmitglieder entschließen sich vielleicht, weiterhin Gruppen anzuleiten, um ihre eigene spirituelle Praxis lebendig zu halten und den

Prozess jenen Menschen zugänglich zu machen, die davon gehört haben und gern an einer Gruppe teilnehmen möchten.

„Übung macht den Meister" – das ist beim Affinity Prozess nicht anders als bei allen anderen Dingen. Wenn Sie feststellen, dass der Prozess positive Resultate bringt, nachdem Sie vier Monate lang damit gearbeitet haben, möchten sie ihn vielleicht zu Ihrer kontinuierlichen spirituellen Praxis machen. Mitgliedern, die sich dafür entscheiden, geben wir Gelegenheit, an Retreats und Workshops teilzunehmen und ein Training zum Affinity Koordinator zu absolvieren.

Wenn Sie die Affinity Prinzipien wirklich verinnerlicht haben, werden Sie feststellen, dass Ihre Beziehungen zu anderen Menschen und Ihr Verhältnis zu sich selbst eine ganz neue Qualität bekommen. Und Sie werden die Einsichten, die Sie durch diesen Prozess gewonnen haben, in jeden Bereich Ihres Lebens tragen.

Eine Gruppe gründen

Eine Affinity Gruppe sollte aus mindestens sechs und höchstens zwölf Teilnehmern bestehen. Acht Mitglieder plus ein Gruppenleiter ist ideal. In einer Gruppe von dieser Größe hat jeder Teilnehmer bei jedem Treffen Gelegenheit, sich im Zuhören zu üben und seine eigenen Gefühle und Gedanken mit den anderen zu teilen.

Es ist von Vorteil, wenn die Gruppe gemischt ist, das heißt, wenn sie sich aus Männern und Frauen unterschiedlicher Altersstufen und Gesellschaftsschichten zusammensetzt. Normalerweise raten wir (Ehe)-Paaren und engen Freunden davon ab, an derselben Gruppe teilzunehmen. Zwischen ihnen haben sich bereits bestimmte Interaktionsmuster verfestigt, die sie daran hindern können, gemeinsam im Rahmen der Affinity Richtlinien zu arbeiten.

Die Praxis, Paare und enge Freunde auf verschiedene Gruppen zu verteilen, erspart den anderen Gruppenmitgliedern auch die Auseinandersetzung mit Beziehungskonflikten, welche die beiden Partner besser unter vier Augen oder mit Hilfe eines Therapeuten bearbeiten sollten.

Eine neue Gruppe sollte ganz unkompliziert gestaltet werden. Am besten ist es, wenn sich die Teilnehmer überhaupt nicht oder nur flüchtig kennen. Auf diese Weise können sie leichter den für diese Arbeit notwendigen sicheren emotionalen Raum schaffen.

Das sind allerdings nur Empfehlungen. Wenn Sie eine Gruppe zusammenstellen wollen, müssen Sie selbst entscheiden, wie Sie vorgehen. Denken Sie jedoch daran, dass eine Affinity Gruppe nur funktioniert, wenn sich alle Mitglieder an die Grundregeln und Vereinbarungen halten. Das ist die einzige Richtlinie, die unbedingt beachtet werden muss.

Wir empfehlen, dass jede Gruppe acht bis zehn Wochen lang einmal wöchentlich zusammen kommt. Außerdem bitten wir die Mitglieder, sich zur Teilnahme an jedem Gruppentreffen zu verpflichten. (Die Abwesenheit aufgrund eines Notfalls ist davon natürlich ausgenommen.) Damit die Leute einen Eindruck davon bekommen, worauf sie sich einlassen, sollte ab und zu ein Gästeabend veranstaltet werden. Hier haben Interessenten die Möglichkeit, Fragen zu stellen und einen Eindruck von der Arbeit zu bekommen. An solchen Abenden können auch Teilnehmer, die den Prozess bereits abgeschlossen haben, über ihre Erfahrungen sprechen.

Da ein privater Austausch während oder unmittelbar nach den Gruppentreffen nicht erwünscht ist, empfehlen wir, den acht- oder zehnwöchigen Prozess mit einem gemeinsamen Essen abzuschließen. Dabei haben die Teilnehmer Gelegenheit, ungezwungen miteinander zu plaudern und über die Erfahrungen zu sprechen, die sie mit dem Gruppenprozess gemacht haben. Bei dieser Gelegenheit kann auch über die Möglichkeiten eines weiteres Engagements für den Affinity Prozess gesprochen werden.

Austausch in der Gruppe

Die Mitglieder einer Affinity Gruppe tauschen miteinander aus, was sie im gegenwärtigen Augenblick denken und fühlen. Dieses sogenannte *Sharing* findet auf freiwilliger Basis statt. Es ist wichtig, dass jeder Teilnehmer das Gefühl hat, von Moment zu Moment frei entscheiden zu können, ob und wann er sich einbringen möchte.

Wir empfehlen, dass die Teilnehmer offen und ehrlich über alles sprechen, was ihnen Unbehagen oder Schwierigkeiten bereitet. Wenn sie Wut, Schuldgefühle, Schmerz, Trauer oder ein anderes „negatives“ Gefühl empfinden, werden sie ermutigt, über diese Gefühle zu sprechen, ohne eine lange, komplizierte Geschichte zu erzählen. Wir ermutigen sie außerdem, alle Urteile auszusprechen, die sie bezüglich ihrer Situation haben und die ihren Schmerz möglicherweise verstärken.

Wir bitten die Gruppenmitglieder, im gegenwärtigen Moment zu bleiben und zum Ausdruck zu bringen, was sie *jetzt* denken und fühlen. So konzentrieren sie sich auf das Wesentliche und strapazieren die Geduld der anderen Teilnehmer nicht durch langatmige und übertrieben ausführliche Schilderungen ihrer Situation. Die meisten *Sharings* dauern fünf bis zehn Minuten, aber in manchen Situationen sind auch kürzere oder längere *Sharings* angemessen. Die Teilnehmer werden auch ermuntert, positive Gefühle auszudrükken, aber natürlich soll sich niemand verstellen und so tun, als sei er glücklich und zufrieden, wenn er insgeheim negativ über sich selbst oder andere Gruppenmitglieder denkt.

Das Ziel der Gruppe besteht darin, jedem, der es möchte, Gelegenheit zu geben, seine Gedanken und Gefühle mit den anderen zu teilen. Es kommt oft vor, dass ein Teilnehmer in einer Sitzung gar nichts oder nur wenig mitteilt, während er ein anderes Mal ganz viel zu sagen hat, je nachdem, was in seinem Leben gerade passiert.

Jeder Beitrag wird von der Gruppe bedingungslos akzeptiert und gewürdigt. Niemand versucht, einen anderes Gruppenmitglied zu korrigieren oder ihm Ratschläge zu erteilen.

Ziele der Affinity Gruppen

Sinn und Zweck des Affinity Gruppenprozesses ist das Geben und Empfangen bedingungsloser Liebe, Akzeptanz und Unterstützung. Wir wollen einen sicheren, liebevollen, urteilsfreien Raum schaffen, in dem wir unsere Herzen öffnen und durch unsere Ängste hindurchgehen können.

Die Gruppenregeln

1. Wir erinnern uns stets an unser Motiv: Wir sind hier, um einander zu lieben und zu akzeptieren und nicht, um einander zu verurteilen, zu analysieren, zu retten oder „in Ordnung zu bringen."
2. Wir vereinbaren, unsere Gedanken und Gefühle offen und ehrlich miteinander zu teilen.
3. Wenn uns Urteile über eine bestimmte Person in den Sinn kommen, machen wir sie uns bewusst und wenden unsere Aufmerksamkeit wieder dem Teilnehmer zu, der gerade spricht.
4. Wir greifen nicht in den Prozess oder das *Sharing* eines anderen Teilnehmers ein und unterbrechen ihn nicht. Wir schenken der Person, die gerade ihre Gedanken und Gefühle mit uns teilt, unsere ungeteilte Aufmerksamkeit. Wir stören das *Sharing* eines Teilnehmers nicht durch Unterhaltungen mit anderen Gruppenmitgliedern.
5. Nach jedem *Sharing* schweigen wir dreißig Sekunden lang, um diesen Beitrag zu würdigen.

6. Wir nehmen die Aufmerksamkeit und Zeit der Gruppe nicht über Gebühr in Anspruch und geben auch jenen Teilnehmern Raum, die bisher weniger mit der Gruppe geteilt haben als wir.
7. Wir sprechen stets von „mir", nicht von „dir". Wir übernehmen Verantwortung für unsere eigenen Erfahrungen und respektieren die Erfahrung anderer. Wir interpretieren die Aussagen anderer Gruppenmitglieder nicht.
8. Wir verbergen unsere Verletztheit oder Wut nicht. Wir sprechen offen und ehrlich darüber und versuchen nicht, andere für unsere Gefühle verantwortlich zu machen.
9. Wenn jemand seine Verletztheit oder Wut mit uns teilt, respektieren wir seine Gefühle. Wir gehen nicht in die Defensive und versuchen nicht, unsere Worte oder unser Handeln zu rechtfertigen. Wir teilen alle Gefühle mit, die in uns ausgelöst werden.
10. Wir bleiben im gegenwärtigen Moment. Wir bringen weder die Vergangenheit noch die Zukunft ins Spiel, es sei denn, sie finden für uns hier und jetzt statt.
11. Alles, was in der Gruppe gesagt wird, behandeln wir vertraulich.
12. Wir respektieren die Stille, denn wir wissen dass sie uns Gelegenheit gibt, uns selbst und andere intensiver wahrzunehmen.
13. Wenn wir das Gefühl haben, dass sich die Gruppe von ihren eigentlichen Zielen entfernt, bitten wir um einen Moment der Stille, so dass sich die Teilnehmer sammeln und an den Sinn und Zweck der Gruppenarbeit erinnern können.

14. Wohl wissend, dass wir diese Arbeit nicht „perfekt“ machen können, gehen wir liebevoll mit uns selbst um. Wir betrachten alles, was in der Gruppe geschieht, als Gelegenheit, Vergebung zu üben.

Vereinbarungen

1. Wir vereinbaren, den Zweck der Gruppe anzuerkennen.
2. Wir vereinbaren, uns an die Gruppenregeln zu halten.
3. Wir vereinbaren, pünktlich zu jedem Gruppentreffen zu erscheinen.
4. Wir vereinbaren, an jeder Gruppensitzung teilzunehmen.

Anmerkungen zu den Zielen der Gruppe

Sinn und Zweck des Affinity Gruppenprozesses ist das Geben und Empfangen bedingungsloser Liebe, Akzeptanz und Unterstützung. Wir wollen einen sicheren, liebevollen, urteilsfreien Raum schaffen, in welchem wir unsere Herzen öffnen und durch unsere Ängste hindurchgehen können.

Der Affinity Prozess kann eine spirituelle Praxis sein, denn die wöchentlichen Gruppentreffen geben uns Gelegenheit, Sabbat zu feiern, auch wenn wir keine Kirche oder Synagoge besuchen möchten.

Sabbat ist ein Tag, an dem wir zusammenkommen, um uns an Gott zu erinnern. Ein Tag, an dem wir die Arbeit ruhen lassen, um uns mit unseren Mitmenschen und der geistigen Welt zu verbinden. An diesem Tag ziehen wir uns freiwillig von allen weltlichen Angelegenheiten zurück und erinnern uns an den tieferen Sinn unserer Inkarnation. Wir tun das gemeinsam mit anderen, um uns gegenseitig zu unterstützen.

Der Sabbat ist der Tag Gottes. Die Zeit, die wir uns für die Affinity Gruppentreffen nehmen, ist Gott gewidmete Zeit. Ein heilsames, heiliges Energiefeld entsteht. Das gilt für alle Affinity Gruppen, in welcher Umgebung sie auch stattfinden. Ob die Mitglieder sich in einem Unternehmen, einem Gefängnis, einem Zentrum für Krebsnachsorge, einer Grundschule, einem Obdachlosenasyl, einer Kirche oder einem Privathaus treffen – die Affinity Gruppe bietet uns einen heiligen „Zeit-Raum“, einen Ort, an dem wir uns sicher fühlen und einen sicheren emotionalen Raum für andere schaffen und aufrecht erhalten können.

Die Affinity Arbeit kann in jedem Umfeld und mit jeder Gruppe von Menschen stattfinden. Die Führer verfeindeter Nationen können durch den Affinity Prozess lernen, miteinander zu kommunizieren. Angestellte und Vorgesetzte können mehr Sensibilität im Umgang miteinander entwickeln. Kinder können lernen, Verantwortung für sich zu übernehmen und einander zu respektieren.

Daher ist das Ziel dieser Arbeit einfach und umfassend. Jeder, der bereit ist, sich an die Gruppenregeln zu halten, kann am Affinity Prozess teilnehmen.

Die Gruppenarbeit ist nicht an Ergebnissen orientiert. Die Gruppe versucht nicht, Probleme zu lösen oder einen Konsens zu erzielen. Klarheit und Konsens mögen zwar das Ergebnis einer Affinity Gruppe sein, aber sie sind nicht ihr Ziel. Der Zweck der Gruppe besteht vielmehr darin, jedem Gruppenmitglied die Erfahrung zu ermöglichen, bedingungslos Liebe zu geben und zu empfangen.

Größeres gegenseitiges Verständnis und Mitgefühl, mehr Respekt und bessere Kommunikation sind das natürliche Resultat der Arbeit mit dem Affinity Prozess. Die Gruppenmitglieder lernen, mehr Verantwortung für ihre Gedanken, Gefühle und Erfahrungen zu übernehmen. Und sie lernen, die Verantwortung für die Gedanken, Gefühle und Erfahrungen anderer abzulehnen. Der Affinity Prozess hilft den Teilnehmern, ein Gefühl für angemessene Grenzen zu entwickeln.

Es geht bei dieser Arbeit auch um Wiedergutmachung und Versöhnung. Wir können den sicheren emotionalen Raum nutzen, um unsere Verwirrung, unseren Schmerz, unsere Reue und unsere Urteile zum Ausdruck zu bringen oder uns bewusst zu machen, damit wir sie nicht länger mit uns herumtragen müssen. Weil niemand versucht, uns in Ordnung zu bringen, lernen wir, alles, was ans Licht kommt, mitfühlend anzunehmen.

Das größte Geschenk des Affinity Prozesses ist die Selbstakzeptanz. Indem wir lernen, alle widersprüchlichen Aspekte unseres Selbst zu akzeptieren, fühlen wir uns vollständiger, zuversichtlicher und freier. Und indem wir lernen, uns selbst anzunehmen, können wir auch andere so akzeptieren, wie sie sind, können ihre Erfahrung respektieren und sie ermutigen, ehrlich und authentisch zu sein.

Anmerkungen zu den Gruppenregeln

1. *Wir erinnern uns stets an unser Motiv: Wir sind hier, um einander zu lieben und zu akzeptieren, nicht um uns gegenseitig zu verurteilen, zu retten oder „in Ordnung zu bringen“.*

Unser Motiv ist sehr wichtig. Es unterscheidet uns von vielen anderen Gruppen, in denen man die Möglichkeit hat, die eigenen Gedanken und Gefühle mit anderen Menschen zu teilen. In einer Affinity Gruppe erhalten wir den sicheren emotionalen Raum und die Liebe aufrecht, indem wir alles unterlassen, was den Prozess eines anderen Teilnehmers stört oder missachtet. Wir versuchen nicht, andere in Ordnung zu bringen, weil wir letztendlich davon überzeugt sind, dass alle so, wie sie sind, in Ordnung sind. Vielleicht glauben sie selbst nicht daran, aber wir glauben es und halten an dieser Überzeugung fest, wie oft sie sich auch „klein machen" oder unseren Rat erbitten.

In einer Affinity Gruppe geht es nicht um Zustimmung oder Ablehnung. Es geht darum, Zeuge zu sein, wenn andere Teilnehmer ihre Gedanken und Gefühle mitteilen, und dabei möglichst ganz „da" zu sein. Je mehr wir über das urteilen, was sie sagen oder wie sie es sagen, desto mehr verschließen wir uns und desto weniger sind wir in der Lage, wirklich *präsent* zu sein.

Natürlich werden wir unser Motiv immer wieder vergessen. Das geschieht in jeder Gruppe. Und deshalb ist dies die wichtigste Gruppenregel. Wenn wir uns an unser Motiv erinnern, denken, fühlen und handeln wir auf eine Weise, die damit in Einklang steht. Während einer einzigen Gruppensitzung müssen wir uns unser Motiv dreißig, vierzig oder fünfzig Mal ins Gedächtnis rufen. Das gehört zur Disziplin, die diese Arbeit erfordert.

2. *Wir vereinbaren, unsere Gedanken und Gefühle offen und ehrlich miteinander zu teilen.*

Ein authentischer Austausch zwischen den Gruppenmitgliedern setzt absolute Ehrlichkeit voraus. Sind wir zufrieden und entspannt, ist es schön, wenn wir das den anderen mitteilen. Wenn wir jedoch behaupten, ganz zufrieden und entspannt zu sein, während wir insgeheim über andere urteilen, ein Gruppenmitglied ablehnen oder uns fragen, ob wir in dieser Gruppe überhaupt am richtigen Platz sind, sind wir unehrlich. Wir nutzen nicht die Gelegenheit, unser Erleben ehrlich auszudrücken. Indem wir mit unserer Wahrheit hinter dem Berg halten, verbergen wir auch die Gefühle, die uns dann „schwer im Magen liegen".

Wenn wir die Wahrheit sagen, bringen wir unsere Schwierigkeiten in dem Bewusstsein zum Ausdruck, dass die anderen Gruppenmitglieder unsere Äußerungen akzeptierend und mitfühlend aufnehmen. Wir können es uns sogar eingestehen, wenn wir anderen Gruppenmitgliedern gegenüber Vorurteile hegen. Wir können Verantwortung dafür übernehmen und darüber sprechen, wenn wir mit dem *Sharing* an der Reihe sind.

Vielen von uns fällt es nicht leicht, ihre innersten Gefühle und Gedanken mit anderen zu teilen. Wenn wir uns über unsere Gefühle nicht im Klaren sind, hilft es manchmal, die Augen zu schließen, tief zu atmen und die eigenen körperlichen Empfindungen aufmerksamer wahrzunehmen. Verspannungen im Schulterbereich könnten uns beispielsweise an eine Auseinandersetzung erinnern, die wir vor ein paar Stunden im Büro hatten. Wir können uns bewusst machen, dass die Auseinandersetzung noch nicht abgeschlossen ist, weil wir sie noch im Körper mit uns herumtragen. Auf diese Weise kommen wir vielleicht mit Wut oder Schuldgefühlen in Kontakt, die wir dann mit der Gruppe teilen können.

Das Einstimmen auf körperliche Empfindungen hilft uns, uns vom rationalisierenden Verstand zum Herzen zu bewegen – dorthin, wo wir unsere Gefühle *erfahren* können. Erst dann können wir sie authentisch mit der Gruppe teilen und im gegenwärtigen Moment bleiben.

Dieser Prozess verlangt, dass wir im Augenblick bleiben und die Vergangenheit aus dem Spiel lassen, es sei denn, die im Augenblick ausgelösten Gefühle stehen unmittelbar mit vergangenen Ereignissen in Verbindung. Wenn die Gefühle jetzt hochkommen, sind sie Teil unserer gegenwärtigen Erfahrung. Wenn nicht, suchen wir krampfhaft nach etwas, das wir mitteilen können, anstatt zu warten, bis von allein etwas hochkommt, das wir wirklich teilen wollen.

Jeder von uns blickt auf eine ziemlich komplizierte Lebensgeschichte zurück, und manchmal wollen wir den anderen Gruppenmitgliedern jede Einzelheit dieser Geschichte mitteilen, wenn wir uns ihrer Aufmerksamkeit gewiss sind. Doch das ist unangemessen. Es ist nicht nötig, dass die Gruppe unsere ganze Lebensgeschichte kennt. Sie lädt uns vielmehr ein, mitzuteilen, was *jetzt* in uns vorgeht. Und wenn gerade nichts vorgeht, sollten wir einfach nur zuhören.

Wir sollten nur dann sprechen, wenn unser Herz uns dazu auffordert, so wie es die Quäker bei ihren Versammlungen tun. Wenn unser Herz zu klopfen beginnt und uns die Worte spontan in den Sinn kommen, können wir sicher sein, dass unser spirituelles Selbst uns zum Sprechen drängt. Oft wissen wir nicht, wie wir uns ausdrücken sollen, aber wenn wir dann einfach zu sprechen beginnen, kommen die Worte wie von selbst. Unser spirituelles Selbst weiß, was wir sagen müssen. Wenn wir geduldig sind und Vertrauen in unseren eigenen Entwicklungsprozess haben, spüren wir ganz deutlich, wann es an der Zeit ist, uns mitzuteilen.

Beim Mitteilen unserer Gefühle und Gedanken sollten wir uns selbst gegenüber so ehrlich wie möglich sein. Wir sind nicht in der Gruppe, um auf Kosten eines anderen Menschen Unterstützung zu bekommen. Oft kommen Gefühle hoch, die mit einem Menschen zu tun haben, der nicht in der Gruppe anwesend ist. Wenn wir diese Gefühle mitteilen, sollten wir darauf achten, dass wir mehr über uns selbst als über die betreffende Person sprechen. Wir sind aufgefordert, auf Anschuldigungen gegenüber Gruppenteilnehmern oder anderen Menschen aus unserem Umfeld zu verzichten. Statt dessen sollen wir uns auf unsere eigenen Gedanken, Gefühle und Erfahrungen konzentrieren und Verantwortung für sie übernehmen.

3. *Wenn uns Urteile über eine bestimmte Person in den Sinn kommen, machen wir sie uns bewusst und wenden unsere Aufmerksamkeit wieder dem Teilnehmer zu, der gerade spricht.*

Wenn wir mit dem Affinity Prozess zu arbeiten beginnen, stellen wir oft erstaunt fest, wie viele Urteile über andere Menschen wir mit uns herumtragen. Wenn uns das bewusst wird, neigen wir dazu, uns selbst dafür zu beschimpfen. Wir sagen vielleicht: „Schau dich an. Du bist wahrhaftig kein spiritueller Mensch. Du urteilst so viel über andere." Mit anderen Worten, wir verurteilen das Urteilen. Und dann verurteilen wir das Verurteilen des Urteilens.

Wenn wir diese Abwärtsspirale der Verurteilung nicht an irgendeinem Punkt stoppen, wird sie sich in alle Ewigkeit weiter drehen. Aber wie können wir sie stoppen? Einfach indem wir die Tatsache akzeptieren, dass wir urteilen. Wir beobachten es einfach. Wir werden uns unserer Neigung zu urteilen bewusst. Und wir lassen es so sein. Wir machen uns nicht nieder. Wir beschimpfen uns nicht. Wir werden lediglich unserer Urteile gewahr.

Und dann übernehmen wir Verantwortung dafür. Wir erinnern uns: „Jedes Urteil ist ein Urteil über mich selbst, nicht über den anderen. Ein Teil von mir fühlt sich nicht akzeptiert oder geliebt." Wir erlauben unserem Bewusstsein, uns diesen verletzten Teil unseres Selbst zu zeigen. Aber wir bleiben im Herzen. Wir rationalisieren unsere Einsicht nicht. Wir gehen nicht „in den Kopf."

Dann bemerken wir, dass wir uns innerlich von der Person entfernt haben, die gerade über ihre Empfindungen spricht. Wir haben ihr oder ihm nicht zugehört. Wir haben den sicheren emotionalen Raum nicht aufrecht erhalten. Wir haben geurteilt. Wir haben einen Fehler gefunden. Also verbinden wir uns wieder mit unserem Herzen. Und hören wieder zu. Wir hören, was die betreffende Person sagt. Wir sind emotional wieder für den Menschen da, der gerade seine Gefühle und Gedanken mit der Gruppe teilt.

Dieser Prozess läuft immer dann ab, wenn wir erkennen, dass wir geurteilt haben. Wir haben also viele

Gelegenheiten, uns darin zu üben, mit uns selbst Mitgefühl zu haben.

Während wir versuchen, einen sicheren, urteilsfreien Raum für andere Gruppenteilnehmer zu schaffen, fühlen wir uns selbst nicht immer sicher. Und dann ist es schwierig, eine sichere Atmosphäre für andere zu schaffen. Wenn wir uns unsere Urteile eingestehen, kommen wir in Kontakt mit unserem Unbehagen, anstatt anderen die Schuld daran zu geben. Dann können wir in Bezug auf unsere eigene Erfahrung ehrlicher sein.

Es hat zunächst immer den Anschein, als würden wir über andere urteilen, aber in Wirklichkeit verurteilen wir uns selbst. Wenn wir aufhören zu projizieren und uns statt dessen unsere Urteile über uns selbst anschauen, können wir in der Gruppe authentischer sein. Dann können wir sagen: „Ich habe jetzt wirklich etwas an mir auszusetzen." Und diese Ehrlichkeit bringt den authentischen Gruppenprozess in Gang.

Das Bemerkenswerte am Affinity Prozess ist, dass unsere Fähigkeit, eine sichere, liebevolle Atmosphäre zu schaffen gleichzeitig einen Raum schafft, in dem unsere Urteile leichter in unser Bewusstsein dringen können. In dem Maße, in dem wir uns in der Gruppe sicher fühlen, können wir uns unserer Urteile bewusst werden, ohne uns dafür zu beschimpfen oder zu bestrafen. Oft lösen sich unsere Urteile dann in Luft auf und wir können unsere Aufmerksamkeit wieder der Person widmen, die gerade spricht. Bleiben sie jedoch bestehen, wollen wir sie der Ehrlichkeit halber vielleicht nicht nur uns selbst, sondern auch der Gruppe eingestehen. Unsere Bereitschaft, Verantwortung für unsere Urteile zu übernehmen und sie der Gruppe zu offenbaren, ist nicht nur ein Gradmesser für unsere eigene Authentizität, sondern auch für das emotionale Klima in der Gruppe.

4. *Wir greifen nicht in den Prozess oder das Sharing eines anderen Teilnehmers ein und unterbrechen ihn nicht. Wir schenken der Person, die gerade ihre Gedanken und Gefühle mit uns teilt, unsere ungeteilte Aufmerksamkeit. Wir stören das Sharing eines Teilnehmers nicht durch Unterhaltungen mit anderen Gruppenmitgliedern.*

Eine der wichtigsten Regeln besagt, dass wir ein Gruppenmitglied niemals beim *Sharing* unterbrechen. Falls diese Person sich nicht an die Affinity Regeln hält, kann sie vom Gruppenleiter unterbrochen werden, nicht jedoch von anderen Gruppenmitgliedern. Aber auch die Gruppenleiter sind gehalten, Gruppenmitglieder, die sich vom Prozess entfernt haben, auf möglichst liebevolle Weise zu konfrontieren. (Siehe Teil 3: Ratgeber für Gruppenleiter.)

Jeder Teilnehmer muss in der Gruppe Gelegenheit bekommen sich mitzuteilen, und sein Beitrag muss respektiert werden. Dieser Respekt zeigt sich darin, dass wir die betreffende Person nicht unterbrechen und uns während ihres *Sharing* nicht mit anderen Gruppenmitgliedern unterhalten. Wir sind aufgefordert, unsere Aufmerksamkeit ganz der Person zu widmen, die gerade ihre Gedanken und Gefühle mit uns teilt.

Wenn wir achtsam zuhören, akzeptieren wir sie, wie sie ist. Wir fühlen uns auf der Herzebene mit ihr verbunden, während wir ihren Worten lauschen. Wir stimmen dem Gesagten weder zu, noch lehnen wir es ab. Wir lassen unsere Akzeptanz zu einer Brücke werden, die uns mit dem spirituellen Selbst der betreffenden Person verbindet. Das ist Kommunion – eine Erfahrung, die nicht mit Worten beschrieben werden kann.

5. *Nach jedem Sharing schweigen wir dreißig Sekunden lang, um diesen Beitrag zu würdigen.*

Wenn ein Gruppenmitglied seinen Beitrag beendet hat, sollte er oder sie „Danke, ich bin fertig" oder etwas Ähnliches sagen, damit die Gruppe weiß, dass das *Sharing* dieses Teilnehmers abgeschlossen ist. Als ein weiteres Zeichen unseres Respekts für den Teilnehmer, der gerade seine Gedanken und Gefühle mit uns geteilt hat, bitten wir darum, dass alle mindestens dreißig Sekunden lang schweigen, bevor der oder die Nächste mit ihrem *Sharing* beginnt. Dieser Moment der Stille ist sehr wichtig. Er verhindert, dass die Teilnehmer auf das gerade Gesagte reagieren.

Kommen bei einem Teilnehmer während der stillen Phase Gefühle oder Assoziationen hoch, sollte er sich fragen: „Was hat dieses *Sharing* bei mir ausgelöst? Dann sollte er einen Weg finden, Verantwortung all seine Gedanken oder Gefühle zu übernehmen.

Manche Gruppen haben festgestellt, dass es hilfreich ist, wenn sich die Teilnehmer nach einem *Sharing* kurz die Hände reichen und der betreffenden Person Liebesenergie senden. Das ist eine schöne nonverbale Art zu sagen: „Ich habe deine Worte in mein Herz genommen. Ich akzeptiere sie als deine Wahrheit und ich schenke dir meine bedingungslose Liebe.“

Gruppenmitglieder, die auf diese Weise gewürdigt werden, können einen Moment lang mit jedem Teilnehmer Augenkontakt aufnehmen oder die Augen eine Weile geschlossen halten, um die Energie der anderen zu spüren (wenn sich das sicherer für sie anfühlt). Nach etwa dreißig Sekunden sagen sie einfach „danke“. Das ist das Zeichen für die anderen Teilnehmer, dass das *Sharing* beendet ist.

6. *Wir nehmen die Zeit und Aufmerksamkeit der Gruppe nicht über Gebühr in Anspruch und geben auch jenen Teilnehmern Raum, die bisher weniger mit der Gruppe geteilt haben als wir.*

Es ist äußerst wichtig, dass wir Gruppenmitgliedern den Vortritt lassen, die weniger als wir selbst mit der Gruppe geteilt haben. Wir sollten das sogar dann tun, wenn wir der Meinung sind, dass wir etwas sehr Wichtiges mitzuteilen haben. Kein Teilnehmer sollte die Zeit und Aufmerksamkeit der Gruppe ein zweites Mal beanspruchen, bevor allen, die noch nichts gesagt haben, Gelegenheit zum *Sharing* gegeben wurde.

Die Dauer der einzelnen Beiträge spielt eine wichtige Rolle. Normalerweise dauert ein *Sharing* etwa fünf Minuten. Aber es ist auch nicht ungewöhnlich, dass jemand zehn Minuten braucht. Wenn wir mehr Zeit brauchen, könnte es sein, dass wir die Aufmerksamkeit der Gruppe über Gebühr beanspruchen.

Es gibt Teilnehmer, die besonders schüchtern sind und erst sprechen, wenn in der Gruppe längere Zeit Schweigen geherrscht hat. Die Stille gibt ihnen den Raum sich mitzuteilen, wenn sie es wirklich wollen. Es ist oft hilfreich, gegen Ende der Gruppensitzung zehn bis fünfzehn Minuten lang still zu sein, damit Mitglieder, die noch nichts gesagt haben, Gelegenheit haben sich mitzuteilen. Auf diese Weise können auch die schweigsameren Teilnehmer noch zu Wort kommen. Das *Sharing* ist jedoch immer freiwillig. Nicht alle Mitglieder müssen jedes Mal einen Beitrag leisten, aber es ist wichtig, dass alle „ihre Chance" bekommen.

7. *Wir sprechen stets von „mir", nicht von „dir". Wir übernehmen Verantwortung für unsere eigenen Erfahrungen und respektieren die Erfahrung anderer. Wir interpretieren die Aussagen anderer Gruppenmitglieder nicht.*

Alles, was wir denken, fühlen oder erfahren, gehört zu uns selbst und sonst zu niemandem. Das ist eine der wichtigsten Einsichten beim Affinity Prozess. Wenn das wahr ist (und wir behaupten, dass es wahr ist), sollten wir es nicht nötig haben, über andere zu reden. Vielleicht löst ein Gruppenmitglied oder eine Person, die nicht zur Gruppe gehört, bestimmte Assoziationen oder Gefühle in uns aus, aber wir allein sind für unsere Gedanken und Gefühle verantwortlich. Und wir übernehmen eindeutig Verantwortung dafür, indem wir beim Mitteilen und Ausdrücken unserer Gedanken und Gefühle „Ich-Aussagen“ machen und „Du-Aussagen“ vermeiden.

Wenn Gruppenmitglieder Verantwortung für alles übernehmen, was sie im Moment denken und fühlen, fällt es uns leichter, während ihres Beitrags präsent zu bleiben. Wir spüren, dass sie „echt“ sind. Deshalb können wir mit den Ohren und mit dem Herzen zuhören.

Andererseits fällt es uns schwerer, bei der Sache zu bleiben, wenn ein Teilnehmer ein Problem damit hat, Verantwortung für seine Gefühle und Gedanken zu übernehmen und meint, über andere reden zu müssen. Aber auch das ist eine gute Übung für uns. Wenn wir beispielsweise feststellen, dass wir urteilen: „Peter hält sich nicht an die Regeln ... er übernimmt keine Verantwortung für seine Gefühle ...“, erkennen wir, dass „unsere Knöpfe gedrückt werden“. Vielleicht projizieren wir unsere eigenen Themen auf Peter. Vielleicht halten wir uns selbst nicht an die Regeln. Während wir vordergründig über Peter urteilen, fällen wir unbewusst vielleicht ein Urteil über uns selbst. Das ist eine sehr wichtige Einsicht. Wir registrieren das also und wenden dann unsere Aufmerksamkeit wieder Peter zu. Er ist schließlich ein ebenbürtiger Bruder. Er hat die gleichen Schwierigkeiten wie wir. Jetzt können wir ihm mitfühlend zuhören, anstatt ihn zu verurteilen.

Es ist immer eine gute Übung, alle Urteile, die uns in den Sinn kommen, als unsere eigenen Themen zu begreifen. Dann fühlen wir uns sofort wieder auf einer Ebene mit dem betreffenden Gruppenmitglied und können ihm unsere echte Aufmerksamkeit schenken.

Da ich all diese Urteile über Peter im Kopf hatte, beschließe ich vielleicht, meine diesbezüglichen Gedanken und Gefühle mit der Gruppe zu teilen. Nach dem üblichen Moment der Stille könnte ich zur Gruppe sagen: „Ich möchte euch einfach mitteilen, dass heute Abend meine „Knöpfe gedrückt werden". Ich habe über andere und ihre Art des *Sharing* geurteilt. Ich habe mir meine Urteile angeschaut und erkannt, dass es Projektionen sind und dass ich in Wirklichkeit derjenige bin, der „nicht im Prozess" ist. Ich war bei meinem *Sharing* nicht absolut ehrlich. Hier sitze ich und urteile über euch, während mir in Wirklichkeit meine eigene Unzulänglichkeit zu schaffen macht. Ich sehe, wie schwer es mir fällt, die Wahrheit über das zu sagen, was in mir vorgeht. Es fällt mir schwer, euch meine wahren Gedanken und Gefühle anzuvertrauen, weil mich das verletzbar macht und weil ich nicht sicher bin, ob ich verletzbar sein will. Es ist einfacher für mich, mich bedeckt zu halten und über euch zu urteilen, als mich selbst ehrlich anzuschauen."

Mit diesen aufrichtigen Worten übernehme ich die ganze Verantwortung für meine Erfahrung. Ich vermeide es, Peter in den Mittelpunkt zu rücken, weil er nur der Auslöser ist. Ich spreche also über mich und nicht über Peter oder andere Gruppenmitglieder.

Ich hätte natürlich auch sagen können: „Peter, deine Worte haben viel in mir ausgelöst. Ich habe über dich geurteilt, aber ich weiß, dass das eine Projektion ist. Es hat in Wirklichkeit mit mir zu tun, nicht mit dir." Das ist immer noch eine gute Art, mit der Situation umzugehen. Aber warum sollte ich Peter herauspicken –

es sei denn, er löst wiederholt dieselben Gefühle in mir aus. Immer, wenn wir uns eine bestimmte Person herauspicken, besteht die Gefahr, dass wir ihr die Schuld zuschieben oder sie beschämen. Oder dass der andere es zumindest so empfindet.

Wenn wir feststellen, dass ein bestimmter Teilnehmer immer wieder „unsere Knöpfe drückt", könnten wir ihn bitten, sich nach der Gruppensitzung mit uns zu einem *Affinity Sharing* zu treffen. Oft ist es rücksichtsvoller und effektiver, solche Dinge unter vier Augen zu klären als vor der ganzen Gruppe. Dabei ist es jedoch sehr wichtig, im Affinity Prozess zu bleiben, damit beide Gelegenheit bekommen, ihre Gedanken und Gefühle mitzuteilen und Verantwortung dafür zu übernehmen, ohne unterbrochen zu werden.

8. *Wir verbergen unsere Verletztheit oder unsere Wut nicht. Wir sprechen offen und ehrlich darüber und versuchen nicht, andere für unsere Gefühle verantwortlich zu machen.*

Wenn wir unsere Gedanken und Gefühle offenbaren, vertrauen wir darauf, dass die Gruppe unsere Äußerungen respektvoll und liebevoll akzeptiert. Wir hoffen, dass die anderen Gruppenmitglieder sich mit ihren Urteilen über unsere Person oder unsere Worte innerlich auseinandersetzen und Verantwortung dafür übernehmen. Aber es kann natürlich vorkommen, dass Gruppenmitglieder sich weit vom Affinity Prozess entfernen und über das, was wir gesagt haben, ein Urteil fällen. Oder dass jemand unsere Worte gemäß seiner eigenen Lebenserfahrung oder Weltanschauung interpretiert.

Nehmen wir beispielsweise an, ich würde nach Peters *Sharing* folgenden Kommentar abgeben: „Ich habe das Gefühl, dass manche Leute in der Gruppe beim *Sharing* oberflächlich und unehrlich sind." Das ist ganz eindeutig ein Urteil, für das ich keinerlei Verantwortung übernehme. Obwohl ich Peter nicht namentlich nenne, muss er davon ausgehen, dass ich ihn meine, wenn ich „manche Leute" sage, weil er direkt vor mir an der Reihe war.

Peter erwidert nichts, aber er würdigt mich für den Rest des Abends keines Blickes mehr. Zum Abschied umarmt er alle Teilnehmer außer mir. Er fühlt sich ganz offensichtlich von mir verurteilt und angegriffen. Solange ihm das aber nicht klar ist und er sich seine Gefühle nicht eingesteht, wird er sich mir gegenüber passiv aggressiv verhalten. Unsere Beziehung wird kompliziert werden, und es wird für uns beide in Zukunft schwierig sein, zusammen in der Gruppe zu bleiben.

Gruppenregel Nummer 8 ermutigt Peter, seine diesbezüglichen Gefühle zu verbalisieren. Im Idealfall würde er das direkt nach meinem wertenden Kommentar tun. Wenn nicht, könnte er auch später am Abend oder zu Beginn der nächsten Gruppensitzung darüber sprechen. Er könnte beispielsweise sagen: „Heute möchte ich gern als Erster etwas mit euch teilen. Ich hatte letzte Woche das Gefühl, dass mein *Sharing* nicht gewürdigt wurde, als du (Paul) sagtest, ‚manche Leute' in der Gruppe würden deiner Meinung nach ihre

Gefühle nicht ehrlich mitteilen. Deine Worte haben mich verletzt, obwohl mir klar wurde, dass du wahrscheinlich Recht hast. Es fällt mir schwer, offen und ehrlich über meine Gefühle zu sprechen. Ich habe Angst, dass ich dann abgelehnt werde. Also, ich fühlte mich von vornherein abgelehnt. Deshalb hat das, was du gesagt hast, wirklich meine Knöpfe gedrückt. Eigentlich wollte ich heute gar nicht zum Gruppentreffen kommen. Mein altes Muster besteht darin, dass ich weglaufe, wenn ich das Gefühl habe, nicht akzeptiert zu werden. Aber mir wurde klar, dass ich heute Abend hierher kommen und über meine wahren Gefühle sprechen muss, auch wenn das vielleicht erneute Ablehnung bedeuten würde. Denn ich weiß, dass ich in solchen Fällen gewöhnlich nicht standhalte, nicht für mich einstehe und anderen keine Gelegenheit gebe, mich kennen zu lernen. Ich habe die ganze Woche darüber nachgedacht. Und ich bin froh, dass ich den Mut hatte, heute hierher zu kommen und das zu sagen. Es fühlt sich wie ein echter Durchbruch an."

Peter kommt mit seiner Realität in Kontakt. Er steht zu seinen Gefühlen, er ist authentisch und teilt mir mit, was mein Urteil bei ihm ausgelöst hat, ohne mich zu verurteilen. Das hilft mir zu erkennen, was mein Verhalten bei ihm ausgelöst hat. Und es zeigt mir, dass ich in vieler Hinsicht dieselben Schwierigkeiten habe wie Peter. Vielleicht neige ich deshalb dazu, gerade an ihm Fehler zu finden. Er ist ein guter Spiegel für mich. Und jetzt setzt er die Affinity Prinzipien auf eine Weise um, von der ich wirklich lernen kann. Sein mutiges, ehrliches Bekenntnis macht es auch mir möglich, ehrlich zu mir selbst und anderen zu sein. Er macht mir vor, wie man die Wahrheit sagt und gleichzeitig Verantwortung übernimmt.

9. *Wenn jemand seine Verletztheit oder Wut mit uns teilt, respektieren wir seine Gefühle. Wir gehen nicht in die Defensive und versuchen nicht, unsere Worte oder unser Handeln zu rechtfertigen. Wir sprechen über alle Gefühle, die in uns ausgelöst werden.*

Gehen wir im Hinblick auf die oben beschriebene Situation einmal von einem anderen Szenario aus. Nehmen wir an, Peter hätte sich entschlossen, direkt nach meinem wertenden Kommentar über seine wahren Gefühle zu sprechen. Nehmen wir an, er hätte gesagt: „Ich muss noch etwas mit der Gruppe teilen. Ich bin sehr verletzt und wütend über das, was du gerade gesagt hast, Paul. Ich empfinde es so, dass du ein Urteil über mein *Sharing* abgegeben hast, als du sagtest ‚manche Leute sind oberflächlich und unehrlich in Bezug auf ihre Gefühle'. Im Augenblick fühle ich mich in dieser Gruppe weder respektiert noch besonders sicher."

Das ist eine klare, authentische und verantwortungsvolle Art der Kommunikation. Sie hilft mir zu erkennen, wie sich meine Worte oder mein Handeln auf einen anderen Menschen ausgewirkt haben. Gruppenregel Nr. 9 setzt voraus, dass ich diese Information zur Kenntnis nehme, ohne mich zu verteidigen. Ich muss mir anhören, was Peter sagt, aber ich muss ihm nicht zustimmen und auch keine Verantwortung für seine

Gefühle übernehmen. Ich bin nicht für seine Gefühle verantwortlich, selbst wenn ich sie ausgelöst habe. Ich muss immer bei mir bleiben. Wenn Peters Art, seine Gefühle und Gedanken mit der Gruppe zu teilen, wiederum in mir bestimmte Gefühle auslöst, muss ich mir Zeit nehmen, um mit diesen Gefühlen in Kontakt zu kommen. Und ich muss sie mit der Gruppe teilen, wenn ich innerlich dazu bereit bin.

10. Wir bleiben im gegenwärtigen Moment.
Wir bringen weder die Vergangenheit, noch die Gegenwart ins Spiel, es sei denn, sie finden für uns hier und jetzt statt.

Die Arbeit mit dem Affinity Prozess ist höchst effektiv, wenn wir uns mit den Gedanken und Gefühlen auseinandersetzen, die uns in diesem Augenblick bewegen. Die Gegenwart ist das Spielfeld von Kraft und Kreativität.

Um im gegenwärtigen Moment bleiben zu können, müssen wir der Stille vertrauen. Wenn wir uns fragen, ob wir etwas auf dem Herzen haben, ob es etwas gibt, das uns angespannt, furchtsam und schuldbewusst macht oder über uns oder andere urteilen lässt, nehmen wir vielleicht nichts dergleichen wahr. In diesem Fall sollten wir still sein, bis etwas in unser Bewusstsein dringt, das wir mit den anderen teilen wollen.

Als Teilnehmer einer Affinity Gruppe, sollen wir nicht über unsere Erlebnisse oder Aktivitäten der vergangnen Woche Bericht erstatten. Selbst wenn im Laufe der Woche etwas Aufregendes geschah, teilen wir es nur dann mit, wenn wir es innerlich noch nicht verarbeitet haben.

Andererseits können durch das *Sharing* eines anderen Gruppenmitglieds unerwartet Gefühle in uns ausgelöst werden, auch wenn wir zunächst der Meinung waren, dass es im Moment nichts gibt, das uns besonders beschäftigt. Wenn wir feststellen, dass uns das *Sharing* eines anderen Teilnehmers stark berührt, dass wir seine Worte ablehnen oder darüber urteilen, wissen wir, dass etwas Unverarbeitetes hochkommt, um geheilt zu werden.

In solchen Momenten kann unser *Sharing* authentisch sein, wenn wir den Mut haben, unsere wahren Gedanken und Gefühle zu offenbaren, ohne den Teilnehmer zu beschuldigen, der sie ausgelöst hat.

11. Alles, was in der Gruppe gesagt wird, behandeln wir vertraulich.

Da die Mitglieder der Gruppe oft sehr intime Details aus ihrem Leben offenbaren, ist es sehr wichtig, dass die Teilnehmer alles, was in der Gruppe gesagt wird, vertraulich behandeln. Das bedeutet, dass über solche Informationen nicht außerhalb der Gruppe gesprochen wird.

So wie Sie selbst nicht wollen, dass andere Gruppenteilnehmer ihrem Partner oder einer Freundin intime Details aus Ihrem Leben erzählen, müssen auch Sie die privaten Dinge, die Sie von anderen Teilnehmern wissen, für sich behalten. Das ist eine gute Gelegenheit, die goldene Regel anzuwenden: „Was du nicht willst, das man dir tu', das füg' auch keinem anderen zu."

Sie sollten auch nicht mit anderen Mitgliedern der Gruppe über das *Sharing* eines Teilnehmers sprechen, denn damit würden Sie die Vereinbarung brechen, den Beitrag jedes Mitglieds vertraulich zu behandeln. Solche Grenzverletzungen untergraben das Vertrauen innerhalb der Gruppe mehr als alles andere.

Damit der sichere emotionale Raum der Gruppe erhalten bleibt, müssen die Mitglieder das Gefühl haben, angstfrei alles teilen zu können, was sie im Innersten bewegt. Diskretion schafft Sicherheit und Vertrauen. Vergessen Sie nicht, Ihre Akzeptanz und bedingungslose Liebe für andere Gruppenteilnehmer nicht nur innerhalb, sondern auch außerhalb der Gruppe zu demonstrieren.

12. *Wir respektieren die Stille, denn wir wissen, dass sie uns Gelegenheit gibt, uns selbst und andere intensiver wahrzunehmen.*

Stille ist das Heilmittel in der Affinity Gruppe. Die spirituelle Kraft wirkt immer in der Stille, sie hilft uns, uns mit unserem Herzen zu verbinden und dadurch tiefer in Kontakt mit uns selbst und anderen zu kommen. In der Stille lernen wir, unsere Urteile mitfühlend anzuschauen. In der Stille gestehen wir uns unsere Ängste ein, statt sie auf andere Gruppenmitglieder zu projizieren.

In der Stille erkennen wir unsere Wahrheit. Allein durch das urteilsfreie Wahrnehmen unserer Ängste und Wertungen gelangen wir in einen friedvolleren Bewusstseinszustand. Dieser innere Frieden ist unser ursprünglicher Seinszustand, jener Ort reinen Gewahrseins, wo der Atem kommt und geht und die Ereignisse und Umstände unseres Lebens so angenommen werden, wie sie sind. In diesem Zustand kämpfen wir nicht und hadern nicht mit unserer Lebenssituation. Wir urteilen nicht über uns und andere. Wenn wir an diesem Ort verweilen, wissen wir, dass alles, was geschieht, vollkommen in Ordnung ist.

Die Stille trägt uns an diesen Ort. Deshalb brauchen wir uns nicht zu fürchten, wenn die Gruppenteilnehmer aufhören zu sprechen. Es ist in Wirklichkeit ein großer Segen. Indem wir mit der Stille verbunden bleiben, erlauben wir denjenigen zu Wort zu kommen, denen es wirklich ein dringendes Anliegen ist. Das Gruppenbewusstsein verdichtet sich, bis die Liebe im Raum fast greifbar ist.

Bei Quäker-Versammlungen wird der Stille viel Raum gegeben. Wenn Sie je an einem solchen Treffen teilgenommen haben, wissen Sie um die Kraft der spirituellen Präsenz, die sich manifestiert, wenn Menschen einander bedingungslose Liebe und Akzeptanz entgegenbringen. Diese Präsenz ist so heilsam und allumfassend, dass Worte überflüssig werden. Worte stören oft sogar das Energiefeld und unterbrechen die Herzverbindung.

Ich sage den Leuten immer, dass wir in der Stille ganz eindeutig spüren, wann es Zeit ist, etwas mit der Gruppe zu teilen. Das Herz pocht, die Handflächen werden feucht, es hält einen kaum noch auf dem Stuhl und man fühlt sich gedrängt zu sprechen, ohne zu wissen, welche Worte aus dem eigenen Mund kommen werden. In solchen Augenblicken spricht weder unser Ego noch unser begrenzter Verstand, sondern unser Herz, und wir öffnen uns für alles, was zu diesem Zeitpunkt für unsere Heilung notwendig ist.

Heilung ist nicht das Ziel der Arbeit mit dem Affinity Prozess, oft aber ihr Ergebnis. Sie ist ein „Nebenprodukt" von Akzeptanz und Mitgefühl. Es ist eine der Paradoxien auf dem spirituellen Weg, dass wir nicht heil werden, indem wir nach Heilung suchen, sondern indem wir unsere Herzen weit genug öffnen, um bedingungslose Liebe geben und empfangen zu können. Denn allein die Liebe heilt. Keine Technik und kein Gruppenprozess kann ohne Liebe heilsam wirken.

Wenn wir uns der Stille hingeben, kommen wir ganz in den gegenwärtigen Augenblick. Wir sinken durch unsere Ängste und Urteile hindurch in diesen Moment. Wir atmen und akzeptieren. Wir öffnen unsere Herzen. Wir schließen innen und außen Frieden. Wir werden zum Gastgeber der liebenden Präsenz, deren größte Freude es ist, in unseren Herzen zu wohnen.

13. Wenn wir das Gefühl haben, dass sich die Gruppe von ihren eigentlichen Zielen entfernt, bitten wir um einen Moment der Stille, damit sich die Teilnehmer wieder sammeln und an den Sinn und Zweck der Gruppenarbeit erinnern können.

Es ist einfach, über andere zu urteilen und auf ihr Verhalten zu reagieren. Die Affinity Gruppenregeln helfen uns, unsere Urteile zu erkennen, damit wir nicht im bloßen Reagieren stecken bleiben. Aber natürlich halten wir uns nicht immer an die Regeln. Wir machen Fehler.

Es hilft der Gruppe nicht weiter, wenn wir jemanden herauspicken und sagen: „Du hältst dich nicht an die Regeln." Auch wenn das vielleicht zutrifft, kann es als Angriff empfunden werden. Immer, wenn ein Gruppenmitglied kritisiert oder angegriffen wird, wird das emotionale Terrain für alle unsicherer. Um gegenseitige Beschuldigungen zu vermeiden, bitten wir einfach um einen Moment der Stille, wenn wir uns in der Gruppe nicht sicher fühlen. Aber wir unterbrechen dafür nicht das *Sharing* eines Teilnehmers, sondern warten, bis er fertig ist.

Die Gruppe sollte jeder Bitte nach Stille nachkommen, es sei denn, ein Teilnehmer ist gerade mit dem *Sharing* an der Reihe. Während dieser kurzen Zeit des Schweigens versuchen die Gruppenteilnehmer wieder, in ihre Mitte zu kommen. Sie beobachten ihre Gedanken und Gefühle und erinnern sich an den Zweck der Gruppe, der darin besteht, eine liebevolle Atmosphäre zu schaffen, in der es sich sicher anfühlt, die eigenen Gedanken und Gefühle zu offenbaren.

Es ist erstaunlich, wie effektiv solche Momente der Stille sind, wenn es darum geht, die Gruppe an ihre ursprünglichen Ziele zu erinnern. Die Stille lässt uns entspannter atmen und verhilft uns zu mehr Akzeptanz und tieferem Gewahrsein. Die Fähigkeit der Stille, uns in den Zustand von Liebe und Akzeptanz zurückzuführen, überrascht mich immer wieder aufs neue.

14. Wohl wissend, dass wir diese Arbeit nicht perfekt machen können, gehen wir liebevoll mit uns selbst um. Wir betrachten alles, was in der Gruppe geschieht, als Gelegenheit, Vergebung zu üben.

Die Affinity Gruppe ist Teil unseres Lebens. Sie kann also niemals „vollkommen“ sein. Wir machen Fehler. Wir halten uns nicht an die Gruppenregeln, selbst wenn wir es uns fest vorgenommen haben. Sowohl diejenigen, welche die Gruppe leiten, als auch die Teilnehmer sagen unangemessene Dinge. Wir bleiben nicht immer im Herzen. Wir sind nicht immer für diejenigen da, die gerade Ihre Gefühle und Gedanken mit uns teilen.

Oft „drücken wir einander die Knöpfe“ und sind verletzt oder wütend. Wir beschuldigen und beschämen uns gegenseitig. Wir vermasseln die Sache gründlich. Aber damit ist die Sache nicht zu Ende. Eigentlich ist es sogar erst der Anfang. Wenn wir uns in unserer Gruppe so sicher fühlen, dass wir ein echtes Risiko eingehen, teilen wir uns auf einer ganz anderen Ebene mit. Dann erleben wir in der Tat, was es heißt, in jenen Augenblicken mitfühlend unterstützt zu werden, in denen wir die Liebe und Akzeptanz der anderen unserer Meinung nach am wenigsten verdient haben. Es kann zutiefst heilsam sein, diese bedingungslose Liebe zu empfangen und zu geben.

Wie weit sich die Gruppe auch von ihrem Zweck entfernt, sie kann immer dorthin zurückkehren. Man kann jeden Fehler zugeben und daraus lernen. Jedes Mal, wenn wir uns „vom Prozess“ entfernen, haben wir die Chance, dies zu erkennen und uns wieder dem eigentlichen Grund unseres Zusammenseins zuzuwenden. Wir müssen uns weder beschimpfen noch bestrafen. Wir müssen uns nicht schuldig fühlen, nur weil wir einen Fehler gemacht haben. Es genügt, wenn wir einfach sagen: „Ich glaube, wir gehen alle ziemlich lieblos mit uns selbst um. Lasst uns einen Moment in die Stille gehen, damit wir vergeben können, was gerade geschehen ist, und uns wieder erinnern, warum wir hier sind."

Ohne Vergebung können wir keine echte Nähe zu anderen herstellen. Je stärker die Verbundenheit in der Gruppe wird, desto deutlicher treten selbst subtile Verletzungen der Affinity Prinzipien zutage und verlangen nach Korrektur.

Wenn wir uns unsere Fehler immer wieder eingestehen und verzeihen können, werden wir immer mehr Nähe und Verbundenheit erfahren.

Anmerkungen zu den Vereinbarungen

1. Wir vereinbaren, den Zweck der Gruppe anzuerkennen.

Sinn und Zweck des Affinity Gruppenprozesses ist das Geben und Empfangen bedingungsloser Liebe, Akzeptanz und Unterstützung. Wir wollen einen sicheren, liebevollen, urteilsfreien Raum schaffen, in dem wir unsere Herzen öffnen und durch unsere Ängste hindurchgehen können. Wenn wir am Affinity Prozess teilnehmen, müssen wir diese Absicht teilen und bereit sein, uns ständig daran zu erinnern, dass die Gruppe aus diesen Gründen zusammenkommt.

2. *Wir vereinbaren, uns an die Gruppenregeln zu halten.*

Die Affinity Gruppenregeln sind die Grundlage, auf der wir die Ziele der Gruppe erreichen können. Die Ziele sagen uns, was wir gemeinsam erreichen wollen. Die Gruppenregeln sagen uns, wie wir unser Ziel erreichen.

Es ist wichtig, dass jedes Mitglied die Gruppenregeln versteht und akzeptiert. Leute, die Vorbehalte gegen die Absichtserklärung oder die Gruppenregeln haben, sollten nicht an einer Affinity Gruppe teilnehmen.

Die Bereitschaft der Mitglieder, sich von der Absichtserklärung leiten zu lassen und an die Gruppenregeln zu halten, verbindet sie miteinander. Diese Vereinbarung muss immer wieder bekräftigt werden. Deshalb werden die Gruppenteilnehmer gebeten, die Absichtserklärung und die Regeln zu Beginn jedes Treffens laut vorzulesen.

3. *Wir vereinbaren, pünktlich zu jedem Gruppentreffen zu erscheinen.*

In vielen Gruppen wurden Verspätungen einzelner Mitglieder als äußerst störend empfunden. Wenn einzelne Teilnehmer zu spät kommen, muss die ganze Gruppe auf sie warten, damit ihre Ankunft den Gruppenprozess nicht unterbricht.

Um solche Probleme zu vermeiden, sollten alle Teilnehmer mindestens zehn bis fünfzehn Minuten vor Beginn der Sitzung eintreffen, damit die Gruppe pünktlich beginnen und enden kann. Das ist auch ein Ausdruck des Respekts gegenüber den anderen Teilnehmern. Vielleicht müssen manche von ihnen aufgrund häuslicher oder anderer Verpflichtungen die Gruppe pünktlich verlassen.

4. *Wir vereinbaren, an jeder Gruppensitzung teilzunehmen.*

Wenn man sich einer Affinity Gruppe anschließt, muss klar sein, dass man sich damit für einen Zeitraum von acht bis zehn Wochen verpflichtet. Diese Verpflichtung ist ein wichtiger Bestandteil des Gruppenprozesses, weil er die Entwicklung des Zusammengehörigkeitsgefühls in der Gruppe fördert und den Teilnehmern einen kontinuierlichen Erfahrungsprozess ermöglicht.

Die Teilnehmer sollten der Gruppe mit der festen Absicht beitreten, an jeder Sitzung teilzunehmen. Ist es einem Gruppenmitglied aus wichtigen Gründen nicht möglich, an einem Treffen teilzunehmen, sollte er oder sie das dem Gruppenleiter so bald wie möglich mitteilen.

Die Stabilität der Gruppe ist wichtig, um das Gefühl von Sicherheit und Vertrauen aufrecht zu erhalten. Jeder Einzelne trägt zu dieser Stabilität bei, indem er pünktlich zu jeder Sitzung erscheint und an jedem Meeting teilnimmt.

Eine Gruppe leiten

Wer eine Gruppe gründen und leiten möchte, sollte vorher mindestens acht bis zehn Wochen lang selbst Mitglied einer Affinity Gruppe gewesen sein. So sammelt man wertvolle persönliche Erfahrungen mit dem Prozess und gewinnt genügend Selbstvertrauen und „Durchblick“, um eine Gruppe selbstverantwortlich führen zu können.

Künftigen Gruppenleitern wird außerdem empfohlen, an den *Affinity Retreats* teilzunehmen, die ich mindestens einmal im Jahr abhalte. Zu diesen *Retreats* kommen Gruppenleiter und Teilnehmer aus aller Welt zusammen.

Es versteht sich von selbst, dass man eine Affinity Gruppe um so besser anleiten kann, je mehr eigene Erfahrungen man mit dem Prozess gesammelt hat. Aber vielleicht gibt es keine Affinity Gruppe in Ihrer Nähe und Sie müssten Pionierarbeit leisten, um eine Gruppe ins Leben zu rufen. Das ist kein Grund zur Verzweiflung.

Auf unserer Website (www.paulferrini.com) finden Sie die Namen erfahrener Gruppenleiter und Organisatoren, die Ihnen bei der Gründung Ihrer ersten Gruppe gern beratend zur Seite stehen.*

* Kontaktadressen im deutschsprachigen Raum unter: www.weltinnenraum.de

Teil 3

Die Praxis

Ein Ratgeber für Gruppenleiter

Eine Gruppe zusammenstellen

Wenn Sie eine Affinity Gruppe gründen wollen, sollten Sie Freunde und Interessenten zu einem Einführungsabend einladen, wo Sie diese Arbeit vorstellen. Erzählen Sie Ihren Gästen, warum Sie mit dem Affinity Gruppenprozess arbeiten wollen und wie er ihnen Ihrer Meinung nach helfen kann. Erläutern Sie die Absichtserklärung und die Gruppenregeln und fragen Sie, ob jemand weitere Fragen dazu oder zur Gruppenarbeit hat. (Wenn möglich, sollten Sie einige Exemplare dieses Buches zur Hand haben, damit Interessenten es kaufen und zu Hause lesen können.)

Wenn Sie die Gruppentreffen in Ihren Privaträumen anbieten möchten, schlagen Sie am besten zwei oder drei Termine vor, die Ihnen persönlich am besten passen würden. Normalerweise kann man nicht davon ausgehen, dass sich alle potenziellen Teilnehmer sofort auf einen Termin einigen können. Daher ist es ratsam, ein Blatt Papier mit verschiedenen Terminen vorzubereiten, auf dem sich jeder unter seinem Wunschtermin eintragen kann. Wenn es genügend Interessenten für zwei Gruppen gibt, können Sie fragen, ob noch jemand bereit ist, eine Gruppe bei sich zu Hause anzubieten.

Manchmal sind mehrere Einführungsabende nötig, bis die „Logistik" der Gruppe steht. Es ist besser, sich anfangs etwas mehr Zeit zu nehmen um sicherzustellen, dass sich alle Teilnehmer auf einen vorgeschlagenen Termin einigen können, als später festzustellen, dass einige aufgrund von Terminschwierigkeiten nicht an der Gruppe teilnehmen. Sie sollten versuchen zu erreichen, dass sich alle Gruppenmitglieder vor der ersten Gruppensitzung für acht oder zehn Wochen zur Teilnahme verpflichten.

Die Gruppe besteht im Idealfall aus acht bis zwölf Teilnehmern. Wenn sie größer ist, bleibt während der zweistündigen Sitzung vielleicht nicht genügend Zeit für jeden Teilnehmer. In Gruppen mit weniger als acht Mitgliedern kann mangelnde Vielfalt zum Problem werden, und die *Sharings* werden oft zu lange ausgedehnt. In Standardgruppen mit acht bis zwölf Mitgliedern spricht jeder Teilnehmer etwa zehn Prozent der Zeit und hört neunzig Prozent der Zeit zu. Wie Sie an diesen Zahlen sehen, liegt der Schwerpunkt der Affinity Arbeit deutlich auf dem Zuhören. So lernen die Gruppenmitglieder, für andere da zu sein und darüber hinaus ihren inneren Dialog differenzierter wahrzunehmen.

Dennoch kann der Affinity Prozess überall praktiziert werden, wo sich mehrere Menschen versammeln. Wenn die Situation es erfordert, sind auch kleinere Gruppen akzeptabel. Auch wesentlich größere Gruppen können funktionieren, wenn die Teilnehmer über Erfahrung mit dem Affinity Prozess verfügen. Ich habe schon Gruppen mit über hundert Teilnehmern geleitet. Solche großen Gruppen funktionieren allerdings nur, weil die Teilnehmer bereits in kleinen Gruppen Erfahrungen mit dieser Arbeit gesammelt haben.

Je bunter die Gruppe zusammengewürfelt ist, desto besser. Idealerweise treffen Männer und Frauen aller Altersstufen mit unterschiedlichem religiösen und kulturellen Hintergrund zusammen, denn das Motiv der Affinity Arbeit ist nicht Übereinstimmung, sondern Akzeptanz und Achtung vor der Erfahrung des Einzelnen.

Dienst am Nächsten und spirituelle Praxis

Die Affinity Gruppe macht die Teilnehmer mit einer spirituellen Praxis vertraut, die ihrem Leben eine positive Wende geben kann. Ich bin nicht der Meinung, dass eine solche spirituelle Praxis einen bestimmten Preis haben sollte. Sie sollte jedem zugänglich sein, der sich dafür interessiert und bereit ist, sich voll und ganz einzubringen. Teilnehmer, die in der Lage sind, einen finanziellen Beitrag zu leisten und diese Arbeit weltweit unterstützen wollen, können dem *Miracles Community Network* eine Spende zukommen lassen.

Die Teilnehmer an den Affinity Gruppen werden gebeten, ihre Dankbarkeit für das Geschenk, das sie durch diese Arbeit erhalten, dadurch zum Ausdruck zu bringen, dass sie andere Menschen mit dem Prozess vertraut machen. Jeder Gruppenteilnehmer kann einen positiven Einfluss auf das Leben anderer Menschen ausüben, indem er ihnen hilft, sich diese wichtigen Fähigkeiten anzueignen. Die Verbreitung und Anwendung der Affinity Prinzipien bedingungslose Liebe, Akzeptanz und Vergebung ist ein lebendiger Dienst am Nächsten.

Obwohl es in manchen Fällen erforderlich ist, Gebühren zu erheben, beispielsweise für Gruppenleiterseminare und unterstützenden Service, sollten die wöchentlichen Affinity Meetings kostenlos sein. Wenn für die Treffen eigens ein Raum angemietet werden muss, kann man zur Deckung der Miete Spenden von den Gruppenteilnehmern annehmen.

Eine Gruppensitzung eröffnen

Die folgenden Richtlinien haben sich bei der Eröffnung von Gruppensitzungen bewährt:

1. Warten Sie, bis alle Teilnehmer eingetroffen sind.

2. Bitten Sie die Teilnehmer, einen Kreis zu bilden und sich an den Händen zu halten. Sagen Sie dann: „Ich möchte uns alle daran erinnern, dass wir hier sind, um einen sicheren, liebevollen, urteilsfreien Raum zu schaffen, in dem wir unsere Herzen öffnen und durch unsere Ängste hindurch gehen können. Wir wollen jetzt ein paar Minuten still sein, um ins Hier und Jetzt zu kommen und unsere Herzen miteinander zu verbinden. Erinnern wir uns in der Stille daran, warum wir hier zusammen gekommen sind." Nach dieser kurzen stillen Phase können Sie die Gruppenmitglieder bitten, die Gruppenregeln abwechselnd laut vorzulesen. Dann kann das Sharing beginnen.

Eine Gruppensitzung beschließen

Etwa zwanzig Minuten vor dem vereinbarten Ende des Treffens warten Sie, bis eine Pause eintritt, und sagen dann: „Ich möchte die Gruppe daran erinnern, dass nur noch zehn bis fünfzehn Minuten Zeit für das *Sharing* bleiben, bevor wir mit unserer Abschlussrunde beginnen. Deshalb bitte ich diejenigen, die ihre Gefühle und Gedanken bereits mit der Gruppe geteilt haben, die restliche Zeit denen zu überlassen, die heute noch nichts gesagt haben. Diese Teilnehmer bitte ich, nach innen zu gehen und zu schauen, ob es vielleicht noch etwas gibt, das sie heute Abend mit der Gruppe teilen wollen. Fühlt euch aber bitte nicht unter Druck gesetzt. Wir möchten euch einfach Gelegenheit geben euch mitzuteilen, wenn ihr dazu bereit seid."

Wenn die Teilnehmer weiterhin schweigen, erinnern Sie die Gruppe ein zweites Mal daran, dass die Zeit abläuft: „Wir haben noch etwa vier bis fünf Minuten Zeit. Wer bisher nichts gesagt hat, hat noch Gelegenheit zu einem *Sharing*." Wenn die Zeit um ist, sagen Sie: „Wir kommen nun zu unserer Abschlussrunde."

Es sollten immer mindestens fünf Minuten für das Abschlussritual bleiben. Die Teilnehmer bilden wieder einen Kreis und halten einander an den Händen. Bitten Sie alle, die Augen zu schließen, und sagen Sie: „Ich möchte euch allen dafür danken, dass ihr mit dem Herzen dabei wart. Alles, was wir hier gehört haben, wollen wir mitfühlend akzeptieren und vertraulich behandeln. Wir danken jedem Einzelnen für seinen Beitrag. Dank euch allen, für das Geschenk, das ihr der Gruppe macht.“ Beschließen Sie den Abend dann mit einem Lied und/oder Tanz.

Wann man intervenieren muss

Der Gruppenleiter sollte nur eingreifen, wenn ein Teilnehmer den Gruppenprozess stört(indem er sich während eines *Sharing* beispielsweise mit anderen Teilnehmern unterhält oder Urteile oder Kommentare zu dem Gesagten abgibt). In solchen Fällen kann der Gruppenleiter zum Beispiel sagen: ‚Ich möchte alle bitten, dem Redner(der Rednerin) weiterhin volle Aufmerksamkeit zu schenken.‘ Oder: ‚Können wir alle daran denken, „Ich-Aussagen“ zu machen? Es ist sehr hilfreich, wenn wir von uns selbst und nicht über andere sprechen. Danke.“ Unterbricht ein Teilnehmer einen anderen beim *Sharing*, könnte der Gruppenleiter beispielsweise sagen: „Richard, könntest du bitte warten, bis Susanne mit ihrem *Sharing* fertig ist? Danke.“ Nimmt ein Teilnehmer die Zeit und Aufmerksamkeit der Gruppe über Gebühr in Anspruch, könnte der Leiter etwa so intervenieren: „Entschuldige bitte, Walter. Ich unterbreche dich ungern, aber ich möchte dich bitten, dein *Sharing* in ein paar Minuten zu beenden, damit jeder hier die Chance hat sich mitzuteilen. Danke für dein Verständnis.“

Solche Interventionen werden allerdings kaum nötig sein, wenn die Teilnehmer die Gruppenregeln wirklich verstanden und verinnerlicht haben. Wenn Sie häufig in den Gruppenprozess eingreifen müssen, sollten Sie sich zu Beginn der nächsten Gruppensitzung fünf bis zehn Minuten Zeit nehmen, um die Gruppenregeln, die manche Teilnehmer noch nicht verstanden zu haben scheinen, noch einmal erläutern. Tun Sie das ganz allgemein, ohne bestimmte Gruppenmitglieder beim Namen zu nennen. Dann hat niemand das Gefühl, verurteilt oder beschämt zu werden.

Wenn Sie als Initiator der Gruppe selbst noch keine Erfahrung mit dem Affinity Prozess gemacht haben, sollten Sie das von Anfang an ehrlich zugeben: „Ich möchte, dass ihr eines wisst: Ich bin in Bezug auf diese Arbeit genauso ein Neuling wie ihr. Ich bin bereit, die Rolle des Gruppenleiters zu übernehmen, aber ich bitte euch alle, mir dabei zu helfen. Teilt mir nach der Gruppensitzung mit, ob ihr euch zu irgendeinem Zeitpunkt in der Gruppe nicht sicher oder nicht genügend unterstützt gefühlt habt. Es kann durchaus passieren, dass ich unangemessen reagiere oder versäume einzugreifen, wenn es nötig wäre. Geht davon aus, dass ich wahrscheinlich ein paar Fehler mache. Wenn sich jemand zu irgendeinem Zeitpunkt unbehaglich in der Gruppe fühlt, soll er oder sie um Ruhe bitten, damit wir in diesem Moment der Stille gemeinsam auf den richtigen Weg zurückfinden können. Auf diese Weise kann mir jeder von euch helfen."

Selbst als erfahrener Gruppenleiter sollten Sie anfangs eine ähnlich klingende Erklärung abgeben. Die stärksten Affinity Gruppen sind allerdings jene, in denen jedes Mitglied Verantwortung für die Einhaltung der Gruppenregeln übernimmt. In solchen Gruppen ist ein Gruppenleiter eigentlich überflüssig, oder anders ausgedrückt: In einer solchen Gruppe übernimmt jeder bis zu einem gewissen Grad die Funktion des Gruppenleiters.

Wenn Sie Ihre Rolle als Gruppenleiter überbewerten, setzen Sie sich selbst unter erheblichen Druck und hindern andere Gruppenmitglieder daran, ihren Teil der Verantwortung für den Erfolg des Gruppenprozesses zu übernehmen. Das Beste, was Sie als Gruppenleiter tun können, ist, der Gruppe ein Vorbild zu sein, indem Sie authentisch sind und Verantwortung für Ihre eigenen Gefühle und Gedanken übernehmen. Das mach den anderen Gruppenteilnehmern Mut, sich genauso zu verhalten.

Wie man interveniert

Das *Sharing* eines Teilnehmers sollte möglichst nicht unterbrochen werden. Erinnern Sie Gruppenmitglieder in den Pausen an die Einhaltung wichtiger Gruppenregeln. Verzichten Sie auch darauf, bestimmte Teilnehmer in den Mittelpunkt zu stellen. Halten Sie Ihre Kommentare allgemein und sagen Sie „wir“ statt „du“.

Nehmen wir beispielsweise an, ein *Sharing* dauert fünfzehn Minuten und dreht sich hauptsächlich um ein vergangenes Ereignis mit vielen „schmückenden“ Einzelheiten. Wenn der betreffende Teilnehmer zu Ende gesprochen und die Gruppe seinen Beitrag aufgenommen hat, könnten Sie sagen: „Ich möchte uns daran erinnern, in der Gegenwart zu bleiben und den anderen mitzuteilen, was wir *jetzt* denken und fühlen. Kommt bei einem von euch gerade etwas hoch, das er mit uns teilen möchte?" Solche Interventionen tragen dazu bei, die Gruppenenergie wieder auf den authentischen Prozess auszurichten und das „Geschichtenerzählen" hinter sich zu lassen.

Die wichtigste Frage, die Sie sich als Gruppenleiter vor jeder Intervention stellen sollten, lautet: „Kann ich das, was ich sagen will, auf liebevolle Art und Weise sagen?" Wenn die Person, die gerade spricht, „Ihre Knöpfe drückt" und Sie merken, dass Sie wütend werden, wissen Sie, dass Sie nicht auf liebevolle Weise intervenieren können. In solchen Momenten müssen Sie sich bewusst machen, was gerade in Ihnen vorgeht und Verantwortung für Ihre eigenen Gefühle übernehmen, bevor Sie Ihre Funktion als Gruppenleiter ausüben können.

Das ist die Gelegenheit, mit gutem Beispiel voranzugehen, indem Sie sich Ihre eigenen Ängste und Urteile eingestehen. Sie könnten beispielsweise sagen: „Ich möchte Verantwortung für meine Urteile übernehmen, die mir gerade bewusst geworden sind. Einige Aussagen haben starke Gefühle in mir ausgelöst. Ich habe mich gefragt, ob wir noch „im Prozess" sind, und möchte als Gruppenleiter intervenieren, aber ich weiß, dass ich das im Augenblick nicht auf liebevolle Art und Weise tun kann. Ich würde aus meinem Gefühl der Frustration heraus reagieren. Ich bin frustriert. Ich glaube nicht, dass wir es richtig machen, und habe das Gefühl, dass ich dafür verantwortlich bin, die Dinge in Ordnung zu bringen. Ich weiß einerseits, dass wir nicht hier sind, um andere „in Ordnung zu bringen". Aber ich will euch andererseits alle korrigieren. Das bedeutet vermutlich, dass ich es auch nicht richtig mache. Ich denke anscheinend, dass es meine Schuld ist, wenn wir es nicht richtig machen. Ich bin schuld ... ja, das ist es. Ich wollte einfach Verantwortung für dieses Gefühl übernehmen. Danke." Diese Art von Kommunikation hilft der Gruppe, in der Gegenwart zu bleiben, denn Sie teilen Ihre momentane Realität mit allen. Auf diese Weise ermutigen Sie andere Gruppenmitglieder, es Ihnen gleich zu tun.

Sie sollten als Gruppenleiter grundsätzlich nicht intervenieren, wenn Sie es nicht auf liebevolle Art tun können. Wenn jemand „Ihre Knöpfe drückt", nimmt die betreffende Person das wahr, auch wenn Sie sich noch so sehr bemühen, alle richtigen „Gruppenleiter-Formeln" zu benutzen. Wenn Urteile oder starke Gefühle in Ihnen hochkommen, müssen Sie Ihre Gruppenleiterrolle sofort aufgeben und der Gruppe mitteilen, was in Ihnen vorgeht. Indem Sie authentisch am Affinity Prozess teilnehmen, zeigen Sie anderen, worauf es dabei ankommt.

Verschiedene Methoden, eine Gruppe zu leiten

Es gibt zwei Extreme beim Leiten einer Gruppe. Eines besteht darin, die Einhaltung der Gruppenregeln wie ein „Schießhund" zu überwachen. Ein Schießhund interveniert am laufenden Band, um die Gruppe wieder „auf den rechten Weg“ zu bringen. Doch zu viele Interventionen stören das Gruppenklima, und früher oder später fühlen sich die Teilnehmer sicher genug, um ihre Gedanken und Gefühle ehrlich mitzuteilen. Sie haben Angst, dass der Gruppenleiter sie unterbrechen oder ihre Art sich mitzuteilen kritisieren wird, und ziehen sich emotional zurück.

Beim anderen Extrem lässt der Gruppenleiter alle Teilnehmer frei sprechen und interveniert kaum. Doch auch Unterhaltungen während der *Sharings*, Unterbrechungen und wertende Kommentare führen dazu, dass sich die Teilnehmer unsicher fühlen und ihre Gedanken und Gefühle nicht mehr offen mit den anderen Gruppenmitgliedern teilen. In diesem Fall setzt sich der Gruppenleiter nicht genug für die Einhaltung der Gruppenregeln ein.

Diese beiden Extreme sollten natürlich vermieden werden. Die besten Gruppenleiter sehen über kleine Regelverstöße hinweg und konfrontieren die Gruppenmitglieder nur mit größeren Verletzungen der Gruppenregeln. Das tun sie dann auf liebevolle, unterstützende Art und Weise. Sie vermeiden es, bestimmte Teilnehmer in den Mittelpunkt zu stellen.

Ein guter Gruppenleiter nutzt vielleicht auch die Zeit vor oder nach der Gruppensitzung für ein paar klärende Worte mit einzelnen Teilnehmern, die sich offensichtlich vom Prozess entfernt haben. Oft ist es einfacher, ein Feedback unter vier Augen zu geben als vor der ganzen Gruppe. Und es ist auch einfacher, mit der betreffenden Person über die Gefühle zu sprechen, die ein solches Feedback möglicherweise in ihr auslöst.

Es ist eine Kunst, eine Gruppe klar und gleichzeitig harmonisch anzuleiten. Man muss sich ständig bewusst machen, was im eigenen Innern vorgeht, um sicherzustellen, dass man aus einer positiven, unterstützenden Haltung heraus spricht und handelt. Sie müssen die anderen Gruppenmitglieder stets sensibel wahrnehmen, damit diese sich akzeptiert und respektiert fühlen. Und Sie müssen ehrlich sein, wenn bei Ihnen negative Gefühle ausgelöst werden, damit die anderen Teilnehmer das unterstützende Energiefeld auch für Sie aufrecht erhalten können.

Je mehr Erfahrung Sie mit dem Affinity Prozess haben, desto größer wird Ihre Fähigkeit, eine Gruppe anzuleiten. Wenn Sie die Gruppe gemeinsam mit einer anderen Person leiten, können Sie sich gegenseitig darauf aufmerksam machen, wann eine Intervention eher kontraproduktiv ist (weil sie das Sicherheitsgefühl in der Gruppe untergräbt) und wann sie hilfreich gewesen wäre. Wenn es in Ihrer Nähe einen Affinity Koordinator gibt, können Sie an einer oder mehreren Supervisionsgruppen für Gruppenleiter teilnehmen, um Ihre Fähigkeiten zum Anleiten einer Gruppe zu trainieren. Darüber hinaus können Sie Ihre „Gruppenleiter-Qualitäten" weiterentwickeln, indem Sie am *Christ Mind/Affinities Retreat* teilnehmen, das einmal jährlich stattfindet. Dort können Sie Erfahrungen mit Gruppenleitern aus aller Welt austauschen.

Auswertung und Erweiterung

Anhand eines Affinity Tagebuchs kann man das durch die wöchentlichen Gruppensitzungen in Gang gekommene persönliche Wachstum gut nachvollziehen. Die Fragen von Fragebogen 1 (siehe Anhang, Seite 110) können Ihnen als Grundlage für Ihre Aufzeichnungen dienen. Wenn Sie die Tagebucheinträge nach dem achtwöchigen Gruppenprozess noch einmal durchlesen, bekommen Sie eine konkrete Vorstellung davon, was Sie in der Affinity Gruppe gelernt haben.

Fragebogen 2 (siehe Anhang, Seite 112) wird allen Teilnehmern in der achten Gruppensitzung ausgehändigt. Er soll zu Hause ausgefüllt und zur Abschlusssitzung wieder mitgebracht werden. Bei diesem letzten Gruppentreffen werden die Mitglieder gebeten, der Gruppe zu schildern, was sie gelernt haben und sich Gedanken darüber zu machen, auf welche Weise sie mit dem Affinity Prozess weiterarbeiten wollen.

Die Teilnehmer sollten schon zu Beginn darauf hingewiesen werden, dass der gesamte Prozess zehn Wochen umfasst, auch wenn die eigentliche Affinity Arbeit nur acht Wochen dauert. Diese zehn Wochen schließen einen Einführungsabend am Anfang und ein Auswertungstreffen am Ende des Prozesses ein.

In der letzten Sitzung sollte der Gruppenleiter den Teilnehmern 45 Minuten bis eine Stunde Zeit zum Erfahrungsaustausch geben (der ebenfalls im Rahmen der Affinity Gruppenregeln stattfinden sollte). Hier haben die Gruppenmitglieder Gelegenheit, über ihre Erfahrungen in der Gruppe zu sprechen. Sie können einander mitteilen, was sie gelernt und wie sie sich weiterentwickelt haben und welche Auswirkung die Affinity Arbeit auf ihren Alltag hat. Erinnern Sie die Teilnehmer dann daran, dass sie nun Teil Eins des Affinity Gruppenprozesses abgeschlossen haben. Teil Zwei besteht in der Verpflichtung, den Affinity Prozess auf einen anderen Lebensbereich auszudehnen.

Geben Sie den Teilnehmern dann weitere zwanzig bis dreißig Minuten lang Gelegenheit, darüber zu sprechen, auf welche Weise sie den Affinity Prozess Menschen nahe bringen können, die ihrer Meinung nach ebenfalls davon profitieren würden.

Sie können den Anfang machen, indem Sie der Gruppe von Ihren eigenen Plänen erzählen. Vielleicht planen Sie ja eine weitere Affinity Gruppe oder eine Supervisionsgruppe für Affinity Gruppenleiter. Wenn das der Fall ist, sollten Sie die Mitglieder Ihrer Gruppe über alle wichtigen Einzelheiten informieren und alle zur Teilnahme einladen. Erklären Sie ihnen, dass es sehr wichtig ist, an einer solchen Gruppe teilzunehmen, wenn man selbst Affinity Gruppen anbieten oder Co-Leiter sein möchte.

Mitglieder, die sich noch nicht reif fühlen, selbst eine Gruppe anzuleiten oder dabei zu assistieren, können Sie zu einer weiteren Affinity Gruppe einladen, (in der wahrscheinlich wieder mehrere Teilnehmer der gegenwärtigen Gruppe zusammenkommen). Diese Gruppe kann entweder von Ihnen oder von einem anderen Gruppenmitglied geleitet werden.

Bevor Sie den auf die Affinity Arbeit bezogenen Teil des Meetings abschließen, sollten Sie sicher gehen, dass alle Gruppenteilnehmer wissen, wie und wann die Arbeit in anderen Affinity Gruppen weiter geht.

Manche Gruppen möchten ein paar Wochen pausieren, bevor sie mit einem neuen Affinity Zyklus beginnen. In dieser Zeit können Sie Einführungsabende für potentielle neue Teilnehmer veranstalten und neue Gruppen zusammenstellen.

Am Schluss dieses letzten Gruppentreffens sollte es einen Imbiss und viel Zeit für private Gespräche geben. Planen Sie deshalb etwa drei Stunden dafür ein.

Eine Affinity Gemeinschaft aufbauen

Wenn sich mehrere Mitglieder Ihrer Gruppe bereit erklären, den Affinity Prozess in ihrem Umfeld bekannt zu machen und sich verpflichten, ein bis zwei Mal im Monat an einer Supervisionsgruppe für Gruppenleiter teilzunehmen, nimmt die Affinity Gemeinschaft allmählich Gestalt an. Im Idealfall bietet jeder Gruppenleiter, der eine Gruppe durch diesen Prozess geführt hat, anschließend Supervisionsgruppen für Gruppenleiter an, und jedes Gruppenmitglied leitet eine neue Gruppe. Wenn wir von einer typischen Gruppe mit acht Teilnehmern plus Leiter ausgehen, ergeben sich daraus acht neue Affinity Gruppen und eine Supervisionsgruppe für Gruppenleiter.

Als Teilnehmer sind Sie zunächst Mitglied einer kleinen Gruppe von acht bis zwölf Personen, bis Sie später eine Führungsrolle in einer Gemeinschaft von siebzig bis achtzig Menschen übernehmen können. So bleiben Sie „im Prozess“ und können Ihre spirituelle Praxis fortsetzen, während Sie gleichzeitig erfahren, wie viel Freude es macht, anderen Menschen zu helfen, sich diese wichtigen Fähigkeiten anzueignen.

Wenn die Affinity Gemeinschaft größer wird, ist es hilfreich, hin und wieder Konferenzen zu veranstalten, die alle Affinity Gruppen zusammenbringen. Der Sonntag eignet sich gut für solche größeren Zusammenkünfte. Morgens könnte man eine ökumenische Andacht halten. Dabei sollte man ein „Affinity Energiefeld“ schaffen oder der Stille genug Raum geben, damit die Teilnehmer Gelegenheit haben, alles, was ihnen wichtig erscheint, miteinander zu teilen. Gesänge, Tänze und andere Aktivitäten, die den Teilnehmern helfen, sich emotional miteinander zu verbinden, können ebenfalls Teil der Andacht sein. Am Nachmittag kann ein Büffet aufgebaut oder ein Picknick veranstaltet werden, neben anderen gemeinschaftlichen Aktivitäten, an denen auch Freunde und Angehörige der Gruppenmitglieder Spaß haben.

In diesem Stadium beschließt die Gemeinschaft vielleicht, einen Affinity Koordinator zu wählen und eine Spendenaktion zu starten, um ihn finanziell zu unterstützen.

Jeder, der sich dem Affinity Prozess und der Affinity Gemeinde verbunden fühlt, kann sich verpflichten, wöchentlich einen bestimmten Betrag zur Deckung der Kosten zu spenden, die dem Koordinator entstehen.

Wenn Sie mit dem Gedanken spielen, Affinity Koordinator zu werden, müssen Sie sich darüber im Klaren sein, dass es ein bis zwei Jahre dauern kann, bis eine finanzielle Unterstützung durch die Affintiy Gemeinde möglich ist. In der Aufbauphase werden Sie allein von Ihrer Begeisterung für diese Arbeit getragen, von Ihrem Engagement und Ihrer Bereitschaft, Ihre Zeit und Energie in diesen Prozess zu investieren, um Ihren Mitmenschen zu dienen. Ihre Hingabe wird den Menschen, denen Sie dienen, nicht verborgen bleiben, und deshalb werden sie tun, was sie können, um Sie zu unterstützen.

Das *Miracles Community Network,* eine internationale Organisation, die Affinity Gruppen in aller Welt unterstützt, hat es sich zur Aufgabe gemacht, Koordinatoren und deren Affinity Gemeinschaften durch Trainingsseminare und Retreats Hilfestellung zu geben. Wenn genügend Spenden eingehen, könnte das Network die Gruppen auch durch einen Rundbrief, eine Website und ähnliches unterstützen.

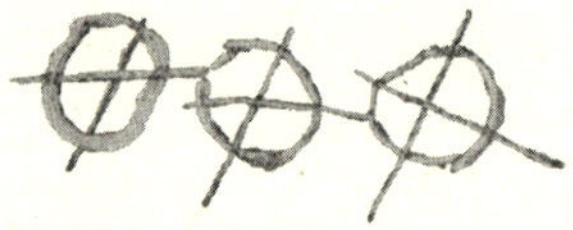

Anhang

Fragebogen zur Auswertung der Gruppenarbeit

Fragebogen 1

Wöchentlicher Eintrag ins Affinity Tagebuch

Die folgenden Fragen können Ihnen als Grundlage für die Aufzeichnung Ihrer Erfahrungen mit dem Affinity Prozess dienen. Die schriftliche Auseinandersetzung mit wichtigen Themen löst möglicherweise Gefühle aus, die Sie mit der Gruppe teilen wollen.

1. Welche Momente im Verlauf dieses Gruppenprozesses konnten Sie am schwersten aushalten? Wodurch wurden „Ihre Knöpfe gedrückt?“ Wann wurden Ängste und/oder Urteile wachgerufen?
2. Konnten Sie Ihre Ängste und Urteile mitfühlend betrachten und akzeptieren? Oder haben Sie sich selbst dafür beschimpft oder bestraft?
3. In welchem Maße waren Sie Ihrer Meinung nach während der *Sharings* für andere Teilnehmer da?
4. Hatten Sie das Gefühl, bei Ihrem heutigen *Sharing* wirklich ehrlich sein zu können?
5. Hatten Sie das Gefühl, dass Ihr *Sharing* von den anderen Gruppenmitgliedern gewürdigt wurde?
6. Haben Ihr *Sharing* und die mitfühlende Präsenz der anderen Teilnehmer dazu geführt, dass Sie Ihre Situation jetzt anders wahrnehmen als bisher? Wenn ja, wie hat sich die Wahrnehmung Ihrer Situation verändert?
7. Gibt es in dieser Gruppe eine bestimmte Person, auf die Sie häufig Ihre eigenen Themen projizieren?
8. Haben Sie sich heute in der Gruppe sicher gefühlt?

9. Hatten Sie zu irgendeinem Zeitpunkt das Gefühl, dass die Gruppe sich zu weit von den Gruppenregeln entfernt und die Gruppenziele aus den Augen verliert? Wie hätte das vermieden werden können?
10. Verstehen Sie diesen Prozess jetzt besser? Wenn ja, wie äußert sich das? Welche Aspekte dieses Prozesses würden Sie gern noch genauer erläutert haben? Können Sie diese Fragen zu Beginn der nächsten Gruppensitzung stellen?

Fragebogen 2

Auswertung der Gruppenarbeit

Mit der Beantwortung der folgenden Fragen bereiten Sie sich auf die letzte Sitzung der Affinity Gruppe vor. Nehmen Sie sich Zeit für jede einzelne Frage und beantworten Sie sie so vollständig wie möglich. Wenn Sie ein Affinity Tagebuch geführt haben, sollten Sie sich Ihre Einträge noch einmal durchlesen, bevor Sie die Fragen beantworten.

Teil 1: Auswertung der Affinity Gruppenarbeit

1. Was war Ihrer Meinung nach die wichtigste Erkenntnis, die Sie in dieser Affinity Gruppe über sich gewonnen haben?
2. Haben Sie sich in der Gruppe sicher gefühlt? Konnten Sie Ihre Gefühle und Gedanken offen und ehrlich mitteilen? Wie hat sich das im Laufe der acht Wochen verändert?
3. Hatten Sie das Gefühl, die *Sharings* der anderen Teilnehmer aufmerksam und mitfühlend begleiten zu können? Wie hat sich das im Laufe der Zeit verändert?
4. Haben urteilsfreies Zuhören und ehrliches Teilen jetzt eine andere Bedeutung für Sie als zu Beginn der Gruppe? Wie hat sich Ihre Wahrnehmung in diesem Punkt verändert?

5. Was war in dieser Gruppe die größte Herausforderung für Sie? Wie sind Sie damit umgegangen?
6. Auf welche Weise ist es Ihnen gelungen, die Affinity Prinzipien in Ihrem täglichen Leben anzuwenden?

Teil 2:
Den Affinity Prozess an andere weitergeben

Können Sie sich vorstellen, Ihre positiven Erfahrungen mit dem Affinity Prozess an andere weiterzugeben? Sie könnten zu Hause, an Ihrer Arbeitsstelle, in der Schule Ihrer Kinder, in Ihrer Kirchengemeinde oder in einer anderen Gemeindeeinrichtung eine Gruppe anleiten oder bei der Einrichtung einer Gruppe helfen. Sie können sich vielleicht auch mit einem anderen Gruppenteilnehmer zusammentun, der gern in einem ähnlichen Umfeld arbeiten möchte wie Sie, beispielsweise mit Jugendlichen, älteren Menschen, Gefängnisinsassen, Krebs- oder Aidspatienten, misshandelten Frauen oder Obdachlosen.

Um Sie zu unterstützen könnte Ihr bisheriger Gruppenleiter eine Affinity Gruppe für Gruppenleiter anbieten. Eine solche Gruppe kommt normalerweise ein oder zwei Mal im Monat zusammen und dient dazu, sich mit den anderen Mitgliedern der ursprünglichen Affinity Gruppe auszutauschen, die den Prozess vielleicht in anderen Bereichen weitergeben. Die Teilnahme an einer solchen Supervisionsgruppe hilft Ihnen, den Affinity Prozess noch stärker zu verinnerlichen und in Ihrer Gruppe besser zu vermitteln.

Wenn Sie sich noch nicht „reif“ genug fühlen, um eine Gruppe anzuleiten oder dabei zu assistieren, können Sie an einer weiteren Affinity Gruppe teilnehmen und sich noch einmal acht Wochen lang mit diesem Prozess auseinandersetzen, bevor Sie sich entschließen, andere mit dieser Arbeit vertraut zu machen.

Geben Sie im unteren Teil des Fragebogens an, auf welche Weise Sie mit dem Affinity Prozess weiterarbeiten möchten. Sollten Sie kein Interesse an einer weiterführenden Arbeit mit dem Affinity Prozess haben, notieren Sie Ihre Gründe auf dem Fragebogen.

Paul Ferrinis Werk verbindet auf einzigartige Weise radikales Christentum mit anderen Weisheitstraditionen und geht weit über eine Hilfe zur Selbsthilfe hinaus.

Ferrini führt den Leser zurück in das Herz der Heilung.

Seine Vorträge und Gespräche, seine Retreats und der Affinity Prozess haben Tausenden geholfen, ihre Praxis der Vergebung zu vertiefen und ihre Herzen der göttlichen Gegenwart in sich und anderen zu öffnen.

Für Informationen über Workshops, Retreats oder den Affinity Prozess: www.paulferrini.com
Sie können eine Email an heartway@crocker.com senden oder auch an **Heartways Press, P.O. Box 99, Greenfield, MA 01302, USA**, schreiben.

Spezielle Informationen für den deutschsprachigen Raum finden Sie unter www.weltinnenraum.de/netzwerke

Das *Miracles Community Network*

Das Miracles Community Network ist eine gemeinnützige Bildungseinrichtung, die es sich zur Aufgabe gemacht hat, die Affinity Gruppenarbeit in aller Welt zu unterstützen. Das Netzwerk wird ausschließlich durch Spenden finanziert und bietet Trainingsseminare, Supervisionsgruppen für Gruppenleiter und telefonische Unterstützung für Gruppenleiter an. Eine Website und der regelmäßige Versand eines Rundbriefes gehören ebenfalls zum Service. Unter der Telefonnummer 001-413-774-9474 können Sie sich auf unsere Verteilerliste setzen lassen. Briefe richten Sie bitte an das Miracles Community Network, P.O. Box 99, Greenfield, MA 01302, USA.

Besuchen Sie unsere Website (www.paulferrini.com), wenn Sie weitere Informationen über Affinity Gruppen in den USA oder anderen Ländern haben möchten. Auf der Website www.weltinnenraum.de/netzwerke finden Sie die jeweils neuesten Informationen über die Affinity-Arbeit in Deutschland, Österreich und der Schweiz.

DIE BÜCHER VON FERRINI

„Ferrinis Bücher sind ein Muss für alle,
die bereit sind, die Verantwortung
für ihre eigene Heilung zu übernehmen"
John Bradshaw

ISBN 3930944-67-7

ISBN 3-930944-92-8

ISBN 3-89767-092-5

ISBN 3-30944-82-0

lesen, fliegen, landen
Schirner Verlag